Hermann Pfaff

Die Vocale des mittelpommerschen Dialekts

Hermann Pfaff

Die Vocale des mittelpommerschen Dialekts

ISBN/EAN: 9783744619059

Hergestellt in Europa, USA, Kanada, Australien, Japan

Cover: Foto ©Thomas Meinert / pixelio.de

Weitere Bücher finden Sie auf **www.hansebooks.com**

Die Vocale

des

mittelpommerschen Dialects.

Inaugural-Dissertation

zur

Erlangung der philosophischen Doctorwürde

der

Universität Leipzig

vorgelegt von

Hermann Pfaff.

Meinen lieben Eltern.

Abkürzungen.

nd.	Niederdeutsch
and.	Altniederdeutsch.
mnd.	mittelniederdeutsch.
obd.	oberdeutsch.
nnd.	neuniederdeutsch.
ndf.	niederfränkisch.
mp.	mittelpommerisch.
nschw.	neuschwedisch.
um.	uckermärkisch.
lat.	lateinisch.
vp.	vorpommerisch.
hp.	hinterpommerisch
whp.	westhinterpommerische küstenmundart.
ns.	niedersächsisch.
br.	bremisch.
shp.	südhinterpommerisch.
wf	westfälisch.
münst.	münsterländisch.
ggr.	göttingisch-grubenhagensch.
am.	altmärkisch.
nl.	niederländisch.
mnl.	mittelniederländisch.
nnl.	neuniederländisch.
hd.	hochdeutsch.
ahd.	althochdeutsch.
mhd.	mittelhochdeutsch.
nhd.	neuhochdeutsch.
md.	mitteldeutsch.
nordd.	norddeutsch.

ags. angelsächsisch.
mengl. mittelenglisch.
nengl. neuenglisch.
afr. altfriesisch.
an. altnordisch.
frz. französisch.
afrz. altfranzösisch.
mlt. mittellateinisch.

tl. tonlang.
mnd. Gr. mittelniederdeutsche Grammatik von A. Lübben.
Nd. Jb. Niederdeutsches Jahrbuch.
As. Gr. Altsächsische Grammatik von J. H. Gallée.

Inhaltsverzeichnis.

I. Einleitung.

II. Beschreibender Teil.

III. Historischer Teil.

IV. Anhang: Lehnwörter.

I. Einleitung.

§ 1. Allgemeines über den mp. dialect.

Die bezeichnung „mittelpommerisch" (mp.) stammt wie die meisten der in unserer darstellung vorkommenden namen für deutsche mundarten aus O. Bremers „Karte der deutschen mundarten" (Brockhaus' Conversationslexicon 5, 27 ff). Bremer versteht hier unter mp. den dialect. der in der Stettiner Gegend, d. h. in den kreisen Randow und dem westlichen teile des kreises Greifenhagen (Regierungsbezirk Stettin) gesprochen wird. Dieser dialect bildet natürlich keine völlige einheit. aber die abweichungen, die die einzelnen teile des mp. dialectgebietes von einander trennen, sind nicht so grosz. dasz sie für unsere skizze nicht wenigstens teilweise ignoriert werden könnten. So wird zwar der genaueren phonetischen beschreibung der mp. vocale die aussprache des dorfes Stöven (kreis Randow) zu grunde gelegt, im übrigen aber auch das wortmaterial anderer gegenden des dialectgebietes herangezogen werden, soweit es nicht wesentlich vom Stövener typus abweicht. Das mp. und das mit ihm sehr nahe verwandte um. nimmt eine art von vermittelnder stellung ein zwischen dem niedersächsischen vp., den auf wt.-engrischer grundlage ruhenden hp. mundarten und den dialecten der Mark (vgl. Bremer a. a. o. 34 a). Im laufe unserer darstellung werden wir gelegentlich auf die stellung des mp. zu den drei nd. hauptmundarten, dem ns. wt. und ndf. zurückkommen.

Rein wird das mp. heute nur noch von der landbevölkerung gesprochen. In Stettin und den kleineren städten der gegend spricht auszer den gebildeten auch der mittelstand ein mehr oder weniger dialectfreies hd. Selbst in den unteren ständen der älteren stadtteile Stettins ist das nd. fast ganz geschwunden. auszer bei den schiffern. Dagegen spricht die arbeiterbevölkerung der Stettiner vororte und der kleineren städte noch einigermaszen nd., freilich schon recht unrein.

1

Auf dem lande dagegen, unter den bauern, kossäten, büdnern, tagelöhnern und ländlichen handwerkern („professionisten") ist die eigentliche heimstätte des mp.

Freilich bemühen sich heute schon vielfach die oberen stände auf dem lande, insbesondere die bauern, ihre kinder schon in frühster jugend „hd." zu lehren, indem sie mit ihnen nur in einem schwerfällig klingenden „Messingsch" reden. Da aber die kinder auszer von den eltern, dem lehrer und dem pastor nur nd. zu hören bekommen, so werden sie zweisprachig und sprechen, falls sie auf dem lande bleiben, in späteren jahren fast nur nd. Nur längerer aufenthalt in der stadt und der besuch einer städtischen schule kann das nd. bei einzelnen individuen stark zurückdrängen.

Die unteren stände auf dem lande, namentlich die tagelöhner, sprechen auch mit den kindern nur nd. Man trifft in diesen kreisen zuweilen noch leute, die des hd. völlig unkundig sind.

So hat also die zersetzung des mp. durch das hd. auf dem lande noch gute wege. Die hauptfactoren dieser immerhin fortschreitenden bewegung sind der verkehr mit den hd. redenden städtern, die einflüsze der militärzeit bei den männern und jener „bildungstrieb", der auch im pommerschen bauern sich zu regen beginnt.

Die schule spielt hierbei eine geringere rolle, als man gewöhnlich annimmt. Sie giebt dem lernenden kinde eine anzahl meist abstracte begriffe bezeichnender hd. wörter, kann aber bei der kurzen zeit, wo sie auf die sprache der kinder einwirkt, nicht so zersetzend auf das nd. wirken, wie die anderen factoren. Auch kirche und predigt sind von keinem allzu groszen einflusz auf das mp. nd.

II. Beschreibender Teil.

§ 2. Articulationsbasis und verwandte erscheinungen.

Die articulationsbasis ist im mp. derartig. dasz die zunge sich in ihrer ganzen breite an die hintere fläche der unter- und oberzähne und den gröszten teil des harten gaumens anlegt.[*)]

Die lippenbeteiligung ist ziemlich stark. Die lippenrundung ist horizontal mit etwas vorstülpung.

Der kehlkopfstand ist ein mittlerer, der von dem gewöhnlichen nordd. typus wenig abweicht.

§ 3. Einsatz.

1. Im vocalischen anlaut phonetisch selbstständiger wörter herrscht durchweg der feste einsatz. Auch in compositis ist dies meist die regel. sowie nach den vorsilben *ụ*- (mnd. *er-, or-, ur-*), *fụ̈*- mnd. *(ver-vor-vur)* *lụ̈ - (le - lo - lu-)* u. s. w.

Nur in einigen älteren compositis, in adverbiell erstarrten folgen von präposition + casus in verbindungen von verbalformen mit enclitischem pronomen und auch sonst in stehenden aneinanderreihungen von volltonigem wort + enclitica begegnet der leise einsatz. Der auslaut des vorhergehenden wortes ist hier meist liquida oder nasal. Eigentlich sind dies auch keine ausnahmen von der hauptregel. da derartige wortverbindungen geradeso eine phonetische einheit bilden wie jedes einzelne wort. Das hauptkennzeichen des festen einsatzes ist, wie sonst. auch im mp. darin zu erblicken, dasz der auslaut des voraufgehenden wortes nicht zur ersten vocalisch anlautenden silbe des folgenden wortes gezogen wird.

Beispiele:

1a) *dɔːǖl~* (die eule): *hė hätt:ül~ sotu* (er hat die eule geschossen). *sė stäit:üp* (sie steht auf) u. s. w. *bɔːöjl* (beäugeln), *fụ̈ːänpn* (verändern). *~riæːizn* (reibeisen), *laẕːül~* (kauz).

1*

b) *fastllǫbmt* (fastnacht), *ö̃æprál* (überall), *fauçn~* (voneinander), *ümündüm* (um und um); *ö̃æp:ündö̃æp* (über und über), *glö̃æik* (glaub' ich), *wasp* (war er), *wörp hänjäit* (wo er hingeht) u. s. w.

2) Anlautende consonanten haben stets den leisen einsatz, mit ausnahme der pronominalform *'t* (für mnd. *it, et*) im absoluten anlaut.

Beispiele:

2) *dattüχ* (das zeug), *datḅók* (das buch), *datḍak**) (das dach): *'tḅränt~* (es brennt): *wäntnú bränṇ däit* (wenn es nun brennt).

3) Über den gehauchten einsatz, das *h*, ist wenig zu bemerken. Nur ist darauf hinzuweisen, dasz -*h*- auch in der composition meist erhalten bleibt und völlig so behandelt wird wie anlautender vocal.

Beispiele:

3) *dat:hus* (das haus), *bak:hus* (backhaus), *uni:hus* (ein neues haus u. s. w.

§ 4. Betonung.

Im dynamischen wort-, wie satzaccent weicht das mp. kaum vom allgemeinnd. typus ab.

1) Ein hauptton ersten grades, der immer ein starkton ist, trifft meist die stammsilbe einfacher wörter oder die erste stammsilbe eines compositums: ein hauptton zweiten grades ruht auf der stammsilbe des zweiten gliedes eines compositums, das noch als solches empfunden wird. Auch er ist immer ein starkton. Nebentonig und schwachtonig sind vollstimmige suffixe oder als solche nicht mehr empfundene glieder von compositis. Tonlos endlich sind alle silben, die gemurmelte vocale enthalten.

Beispiele:

1) *sṣibm* (schieben), *süfkạstn* (schublade), *~dö̃mlṣχ* (thöricht), *~lṣidkäs* (leutchen), *kịnṣ* (kinder), *jṣdṣlṣjṣn* (geduldigen) u. s. w.

2) Zuweilen begegnet es in mp. wörtern (wie es auch sonst in nd. dialecten vorkommt), dasz nicht die stammsilbe, sondern ein volltoniges suffix, oder bei compositis das zweite glied den hauptton trägt. Solche ausnahmen sind hier durch . unter dem betonten vocal bezeichnet.

Beispiele:

2) *wạraftṣχ* (wahrhaftig), *smạlịtsṣχ* (schmächtig), *friæṣlṣχ* (freiwillig).

§ 5. Quantitätsunterschiede bei vocalen und diphthongen.

1) Sechs unter einander abgestufte quantitäten weisen die mp. vocale und diphthonge auf. Die unterste stufe der quantität zeigen die „überkurzen" vocale, dann kommen als nächst höhere stufe die einander an zeitdauer etwa gleichen „etymologischen" und „rhythmischen kürzen", dann die „längen", die „überlängen" und end-

---

*) *d b ẕ* u. s. w. sind zeichen für stimmlose lenes.

lich die „zweigipfligen längen".*) Drei dieser sechs quantitätsstufen sind etymologischen ursprungs und fest gegeneinander abgegrenzt.
Das sind die etymologischen kürzen, die überkürzen und die zweigipfligen
längen. Die drei übrigen quantitäten dagegen sind rhythmisch bedingt,
d. h. sie gehen auf eine gemeinsame basis, die ‚länge' zurück und wechseln mit einander nur nach rhythmischen principien, d. h. nach betonung
und füllung des sprechtactes. Alle schwachtonigen ursprünglichen längen
werden zu rhythmischen kürzen reduciert. Überlängen können nur allein
für sich in einem sprechtact stehen.

Auch die zweigipfligen längen erfahren, wenn sie an eine weniger
betonte stelle des satzes zu stehen kommen, oder nicht allein einen
sprechtact füllen, eine starke reduction, die indessen nur zuweilen ihre
eigenart ganz zu verwischen vermag.

2) Die überkurzen vocale entsprechen qantitativ durchaus den nordd.
gemurmelten -ə-, auch sind sie wie diese nicht vollstimmig und schwach
geschnitten. Sie können in offener wie in geschlossener silbe stehen.

Beispiele:
bɔjäuk (üblich): pl. ~*linjən* (die leinen); *bröðp* (bruder): *kolör*~
(couleur); *anə* (Anna): *pɔdäls* (täppisch) u. s. w.

3. Etymologisch kurz sind alle stark- oder schwachtonigen scharf
geschnittenen vocale. Wie in den meisten modernen germ. sprachen, können
sie auch im mp. fast nur in geschlossener silbe stehen. Im mp. begegnen
zuweilen auch scharf geschnittene etym. kürzen in offener silbe, aber nur
in einsilbigen formwörtern, die in der enclise oder proclise einen stamm-
auslautenden consonanten eingebüszt haben.

Beispiele:
af (ab), *häbm* (haben), *dörz* (durch): *dats wo betp!* (das ist wohl
besser!). *wat dä?* (was denn?). *nimɐr*~ (nicht mehr?) u. s. w.

4) Die rhythmischen kürzen unterscheiden sich von den etym. kürzen
nur dadurch, dasz sie schwach geschnitten sind und nur in offener, schwach
toniger silbe stehen können, was bei ihrem ursprung aus alten längen
durchaus begreiflich erscheint.

Beispiele:
hɔwi (weihe [vogel]), *he hätt* (er hat es). *husɐrp* (hausierer) u. s. w.
5. Die längen des mp. stimmen genau zu den längen der modernen

*) Überkürzen bezeichne ich durch ein umgekehrtes vocalzeichen:
ɒ, ɔ, ʋ u. s. w., rhythmische kürzen mit ˜, ˘, längen und überlängen mit ˊ
und ˉ, zweigipflige längen mit ~, ein zeichen, welches aus typographi-
schen gründen meist hinter, seltener vor die betreffende silbe gesetzt wird.
Unbezeichnet bleiben die etymologischen kürzen, die kürzen *kat' ἐξοχήν*.

germ. sprachen in offener silbe, die überlängen zu den längen in geschlossener silbe oder in vocalischem auslaut, indem sie allein einen sprechtact füllen.

Beispiele:

blibm (bleiben), *keɑep* (käfer), *kräitn* (zanken) u.s.w. *dōt* (tot), *hōf* (huf), *brēf* (brief), *kli* (kleie): aber: *wänṵ ni dōt is* (wenn er nun tot ist) u. s. w.

6) Zweigipflige betonung begegnet:

I. In geschlossener langer silbe, deren inlaut langer vocal oder diphthong ist (zu den diphthongen sind hierbei auch die verbindungen von kurzem vocal mit nasal oder liquida zu rechnen), worauf aber als auslaut noch ein oder mehrere consonanten folgen müssen.

Beispiele:

sĭɑe (scheibe), *hē hout* (er haut), *hē hävt* (er hengt) u. s. w.

II. In offener oder geschlossener langdiphthongischer silbe: d. h. in einer silbe, die langen vocal + *m, n, v, l, r (ä)* enthält, mag nun ein consonant darauf folgen oder nicht.

Beispiele:

bōm (baum), *hēl* (heil), *hē stent* (er stöhnt), *mēr* (mehr), *houn* (hauen) u. s. w.

Der hauptgipfel fällt hiebei allemal auf den ersten teil des langen vocals oder den ersten der beiden componenten des diphthongs, der zweite schwächere nebengipfel trifft das endstück des langen vocals oder des zweiten componenten eines kurzdiphthonges oder auch den zweiten componenten eines langdiphthonges.

Anm. 1. Die verbindungen -*ar*- und -*är*- werden genau wie längen in offener silbe behandelt, die vocalisch auslautet, können also rhythm. kurz, lang oder überlang sein.

Beispiele:

harbargṵ (herbergen); *ärf* (überlang) (erbe) u. s. w.

särf (überlang) (schärpe) u. s. w.

Anm. 2. Da bei betrachtung der qualitäten der mp. vocale, sowie ihrer geschichte, die kürzen, überkürzen und längen hauptsächlich in betracht kommen, indem rhythmische kürzen, überlängen und zweigipflige längen mit den längen durchaus zusammengehen, so wird im folgenden, wesentlich auf jene drei, daneben auch auf die zweigipfligen längen bezug genommen werden.

§ 6. Vocalübersicht.

I. Kurze vocale.

1) Weite (offene) kürzen.

Die kurzen weiten vocale des mp. sind:

a) palatale: *i, ä;* ger. *ṵ, ö*

b) palato-velare: ger. *i̇*
c) velare: *a;* .. *u, o*

oder nach der zungenhöhe geordnet:
a) hoch: *i, ï, u*
b) mittel: *o, ü*
c tief: *ä, ö, a*

a) Die hochstufigen vocale: *i, ï, u.*

Die hochstufigen weiten kürzen des mp. *i, ü* unterscheiden sich wohl nicht wesentlich von den gewöhnlichen nordd. *i* und *ü* etwa in ,bitten'. ,kurz' u. s. w.

Ob diese laute als sehr weite *i* und *u* oder sehr enge *e* und *o* aufzufassen sind, ist empfindungssache. Ein nordd. ohr wird sie stets als *i* und *ü* empfinden, ein süddeutsches eher als *e* und *ö*. Für letztere ansicht spricht in der that der umstand, dasz jüngere kürzungen von engem *ö* und *e* im mp. *ü* und *i* lauten (vgl. § 1 ⁵, 1). Jedenfalls empfiehlt sich aus historischen gründen fürs mp. die schreibung: *i, ü.* *ï* ist eine varietät des *i*, die sich nur in unmittelbarer nähe eines *s* findet. Sie entsteht dadurch, dasz die ziemlich weite zurückziehung der zunge bei der *s* - articulation im verein mit der diesen laut begleitenden lippenrundung sich auf das benachbarte *i* überträgt und ihm den klang eines dumpfen *ü* - lautes verleiht.

Beispiele:
hit (hitze), *he bit* (er beiszt), *nim* (nimm), *wul* (wolle), *rüpm* (raufen) u. s. w. *nïst* (nichts), *sïp* (schiff), *stïl* (still) u. s. w.

b) Die mittelstufigen weiten laute *o* und *ü*. Das mp. *o* wird mit etwas höherer hinterzunge, zugleich mit stärkerer lippenrundung gesprochen als das ihm am nächsten verwandte nordd. *o* in ,voll', ,stock'. Nach Sweet wäre es etwa raised - mid - back - round zu nennen.

ü wird wie nordd. *ü* in ,hütte', ,mütze' mit der zungenstellung eines offnen *e* und der lippenrundung eines *ü* gesprochen. Im klange bildet es eine völlige parallele zu *i* und *ü*.

Beispiele:
rot (ratte), *holl* (halten), *stof* (staub), *ümp* (immer), *stük* (stück), *rügv* (rücken) u. s. w.

c) Die tiefstufigen weiten kürzen des mp.: *ä, ö, a.*

Alle drei tiefstufigen weiten kürzen des mp. haben dieselbe zungenhöhe. In allen drei fällen liegt jedoch, wie beim *o*, die zunge höher als bei ähnlichen deutschen oder engl. lauten: sie sind nach Sweet raised-low.

Das *ä* läszt sich etwa mit dem englischen *a* in ,man', ,fat' vergleichen, das *ö* (*ä* mit der lippenrundung eines *o*) mit dem nordd. *ö* in ,völker', ,göttlich', das *a* endlich mit dem südostdeutschen *a* in ,ganz' u. s. w. Nur klingen eben alle drei vocale etwas heller als jene.

Beispiele:

stäl (stelle), *bräk* (brich), *häks* (hexe), *sört* (schürze), *dû röpst* (du rufst), *daχ* (tag), *laχn* (lachen) u. s. w.

2) Enge kürzen.

Hierher gehören im mp. *i, u, ü*. Da diese sich indesz in ihrer articulation von den entsprechenden längen nicht im mindesten unterscheiden, dürfte eine besondere beschreibung ihrer articulation überflüssig sein.

Beispiele:

tit (zeit), *stif* (steif), *ut* (aus), *zupm* (saufen), *hüt* (heute), *rüku* (riechen) u. s. w.

II. Lange vocale.

1) Weite längen.

Hierhin gehören im mp.:

    a) palatale: *ē, ä*; ger. *ö*

    b) velare: *a* : „ *ö*

Nach der Zungenhöhe geordnet:

    a) mittel: *ē, ö*

    b) tief: *ä, ö, a*.

a) Die mittelstufigen langen weiten vocale des mp.: *e* und *o*. Das mp. *ē* klingt ungefähr wie das md. *ä* in md. *‚leben'*, *(lämm)*, *‚gelegen'*, *(goläχn)*. Indessen liegt auch beim mp. *ē* die zunge höher und ist die articulation energischer als beim md. *ä*. Nach Sweet wäre es etwa raised - mid - front - wide.

ö ist in klang und articulation die gerundete velare parallele zu *ē*: auf der anderen seite ist es genau gleich gedehntem *o*.

Beispiele:

ētn (essen), *rēgn* (pluvia), *mējp* (mäher), *stōn~* (stehen), *lotn* (lassen), *doχ~* (tage) u. s. w.

    b) Die tiefstufigen weiten längen des mp.: *ä, ö, a*.

Die tiefstufigen weiten längen des mp. *ä, ö a* sind gedehnten *ä ö, a* gleich.

Beispiele:

därf (derbe), *här* (herr), *järft* (gegerbt), *slök* (schlund), *rödv* (räder), *zärp* (herbe), *märt* (mahrt), *swat* (schwarz) u. s. w.

2) Enge längen.

Die engen längen des mp. sind:

    a) palatale: *i, ē*; ger. *ü, ö*

    b) velare: *u, o*

oder nach der zungenhöhe eingeteilt:

    a) hoch: *i, ü*

b) mittel: *ĕ, ŏ; ŭ*
c) tief: *ô*.

Alle engen langen vocale des mp. werden mit verhältnismäszig starker zungenhebung hervorgebracht. Dies scheint bei *i, ü, ü* allgemein nordd. zu sein, und so gleichen denn die mp. *i, ü, ü* wohl vollständig den nordd. *i. ü, ü* in ,bieten'. ,gut'. ,hüten'.

Dagegen werden die mp. *ĕ, ŏ, ö* energischer articuliert und klingen darum weit heller und schärfer als die gemeinnordd. *ĕ, ŏ, ö*, wie sie z. b. der Stettiner in ,beet', ,vor' ,schön' zu sprechen pflegt.

Beispiele:

bi (bei), *sribm* (schreiben), *sübm* (schieben), *mürp* (maurer), *rümm* (räumen).

wetn (wissen), *wenn* (weinen), *hōχ* (hoch), *brôk* (bruch) *stôtn* (stoszen), *brödp* (brüder) u. s. w.

III. Diphthonge.

1) Eingipflig betonte diphthonge mit kurzem ersten componenten. In diese kategorie gehören im mp. nur die drei diphthonge *äi, ou, öü (äi, ou, öü)*.

Ihre componenten entsprechen genau den einzeln vorkommenden kürzen, sie werden also ausgesprochen wie *ä + i, o + u, ö + ü*.

Beispiele:

wäitn (weizen), *zäi* (treber), *oust* (ernte) *jnnou* (genau), *höü* (heu), *zìχ wröüsn* (sich balgen) u. s. w.

2) Zweigipflig betonte langdiphthonge mit langem oder kurzdiphthongischem ersten componenten.

Alle zweigipflig betonten langen vocale und „kurzdiphthonge" sind als ,,langdiphthonge" aufzufassen, da der den zweiten silbengipfel tragende component stets qualitativ vom ersten gipfel verschieden ist.

a) Der erste component ist ein langer vocal.

Hierhin gehören alle zweigipflig betonten langen vocale in geschlossener silbe, sowie die verbindungen von langem vocal + *r (ä), m, n, l*.

Der abstand der beiden componenten ist im zweiten falle ganz deutlich, im ersten besteht er darin. dasz der zweite weiter gebildet wird als der erste. Dies hat seinen grund im nachlassen der zungenspannung am ende eines derartig lang gezogenen lautes.

b) Der erste component ist ein kurzdiphthong.

In den fällen, wo der erste component ein kurzdiphthong ist. haben wir es eigentlich mit triphthongen zu thun, indem das zweite den silbengipfel tragende stück des zweiten componenten vom ersten unsilbischen stück desselben durch weitere articulation verschieden ist. Hervor tritt dies indessen nur bei den rein vocalischen diphthongen *äi, ou, öü;* bei *än, in*

u. s. w. fällt dies nicht recht ins gehör, obwohl principiell zwischen diesen und den diphthongen hierbei kein unterschied besteht.

Anm. 1. Bei den langdiphthongen länge + *r (ä)* dürfte es sich aus gründen historischer deutlichkeit empfehlen, -*r* statt -*ä* zu schreiben. Dieser vocalische ersatz des -*r* zeigt sich übrigens hinter jedem langen vocal mit ausnahme von *a (ä)* wo *r* erhalten bleibt, oder ganz schwindet.

Beispiele:

hir~ ː hiä~ (hier), *mür~ müä~* (mauer), *darn* (dürfen), *när* (narr) u. s. w.

Anm. 2. Zuweilen erscheint der erste component dieser diphthonge verkürzt. Das ist z. b. der fall, wenn er in die erste silbe eines mehrsilbigen wortes vor stimmlosen geräuschlaut zu stehen kommt (vgl. § 15.)

Beispiel:

burkv ː buäkv (vogelbauer).

Anm. 3. Ein vor-*gv* (vgl. § 16, 1) ähnlich verkürzter diphthong *mi ː üi* begegnet in mp. *fvśnigv* neben *fvsugv* (verscheuchen).

IV. Die überkurzen vocale.

An überkurzen, gemurmelten vocalen kennt das mp.: *ə, ṿ; v, o, ɔ (o = u, ɔ = o)* u. s. w.

1) *mp. ə.* Der vertreter des mhd., mnd., nhd. u. s. w. -ə- ist im mp., soweit ein derartiger laut überhaupt noch vorkommt (vgl. § 26), überall auszer vor *r* ein *ɔ* d. h. ein gemurmeltes *ì*.

Beispiele:

bɔ doᵹ~ (bei tage), *~linjɔn* (linien), *dräkɔχ* (schmutzig) u. s. w.

2) *mp. ṿ.* Dieser ebenfalls gemurmelte, indessen doch noch stärkere laut als das *ɔ* erscheint im mp. an stelle des mnd. -ɔ- *(ɔ, i)* überall da, wo es unmittelbar vor *r* stand, und hat sich vielfach auch dann erhalten, wenn das *r* nnd. geschwunden ist. Seiner articulation nach ist es ein gemurmeltes *ä*.

Beispiele:

öṿvral (überall), *brṿvri* (brauerei), *kinṿ* (kinder), *fvjɛtn* (vergessen) u. s. w.

3) *v, ɔ, o, ı* u. s. w. Überkurze murmellaute wie *v ı* u. s. w. begegnen im mp. nur in vocalisch auslautenden endsilben von eigennamen oder namentlich in tonlosen vorsilben von fremdwörtern und compositis, deren erstes glied nicht mehr als solches empfunden wird. In dieser stellung sind sie jedoch von den rhythmischen kürzen schwer zu scheiden. Das einzige mittel hier beide kategorien einigermaszen auseinanderzuhalten, dürfte in der beobachtung der betonung liegen. Empfindet man in dem vocal noch das gewicht eines nebentons, so ist der vocal rhythmisch kurz, wo nicht, überkurz und gemurmelt.

Erschwert wird eine genaue darstellung dieser verhältnisse noch dadurch, dasz der sprachgebrauch zwischen beiden quantitätsstufen stark schwankt.

Beispiele:

anv (Anna), *oto* (otto), *ɔ = engem o, kulör~* (farbe), *homäll, komäll*, (kamillen), *jodulijon* (geduldigen) u. s. w.

V. Allgemeines.

Alle vocale, namentlich die mittel- und tiefstufigen werden verhältnismäszig energisch articuliert. Wahrscheinlich steht diese erscheinung in beziehung zur articulationsbasis, die, wie wir oben gesehen, (vgl. § 2) durch starke hebung der zunge gekennzeichnet wird.

III. Historischer Teil.

§ 7. Hülfsmittel.

Bei der darstellung der historischen entwickelung der vocale eines
md. oder obd. dialects bieten sich dem darsteller als vielfach fördernde
hülfsmittel die sprachdenkmäler älterer sprachperioden, des ahd. und mhd.
Diese quellen sind wenigstens zum teil ziemlich dialectrein. Auch ist
die orthographie namentlich in obd. handschriften oft eine fein durch-
dachte, ziemlich consequente (man denke z. b. an Isidor, Notker und
manche gute mhd. handschrift.). Schlieszlich hat der darsteller eines
md. oder obd. dialects eine schon recht beträchtliche anzahl von älteren
und neueren dialectarbeiten zu seiner verfügung, die ihn in manchem
fördern können.

Wesentlich anders liegt es für den darsteller eines nd. dialectes.
Das and. (as.), so auszerordentlich wichtig es für ihn ist, hat im verhältnis zum ahd. eine recht dürftige überlieferung aufzuweisen. Von einer
and. dialectologie ist darum auch bis jetzt kaum die rede.

Aus mnd. zeit haben wir zwar eine reiche überlieferung, aber sie
beginnt doch erst wesentlich später als die mhd. (erst etwa um 1280);
und es bestand sicher eine art von schriftsprache, wenigstens für das
ns. gebiet und die colonisierten gegenden (vgl. Lübben. and. Gr. § 4).
Da Pommern zu den colonisierten gebieten gehört, so dürften seine mnd.
sprachdenkmäler somit nur mit groszer vorsicht zu verwerten sein. Ferner
ist die mnd. orthographie, namentlich was die vocale anlangt, äuszerst
primitiv gegenüber der obd. mhd. Der umlaut von o und u. wird z. b.,
wenn man von den nur von einzelnen schreibern angewandten o und u
(vgl. Ndd. Jb. III 1 ff.) absieht, erst in der letzten periode des mnd.,
im 16. Jahrhundert bezeichnet. Auch für die etymologisch recht verschiedenen e des mnd. hat die schrift gewöhnlich nur ein zeichen.

Endlich ist auch in bezug auf bearbeitungen der neueren nd. dialecte der darsteller einer nd. mundart dem einer obd. oder md. gegenüber wesentlich im nachteil. Zwar giebt es für die neuere zeit eine anzahl trefflicher idiotica, aber die versagen oft bei den alltäglichsten wör-

tern. weil sie eben nur das characteristische, derbe „urwüchsige" der nachwelt überliefern wollen. An grammatischen arbeiten ist für das nd. stammland schon manches gethan, aber von den colonisierten gebieten ist Mecklenburg das einzige, für das wirklich nennenswerte grammatische darstellungen existieren.

Für Pommern ist eine gröszere wissenschaftliche grammatische darstellung kaum zu nennen (vgl. Al. Reifferscheid: Über Pommerns anteil an der nd. sprachforschung, Nd. Jb. XIII 33 ff.)

An Idioticen sind zu erwähnen: J. E. Dähnert: „Plattdeutsches wörterbuch nach der alten und neuen pommerschen und rügischen mundart" Stralsund 1781 und das „Wörterbuch der mecklenburgisch-vorpommerschen mundart" von Mi (C. G. Sibeth) Leipzig 1876.

Bei Jellinghaus: Zur einteilung der nd. mundarten. ein versuch von H. J. Kiel 1884. bei O. Bremer: Beiträge zur geographie der deutschen mundarten in form einer kritik von Wenkers „sprachatlas des deutschen reiches" Leipzig 1895, im Jahrbuch und Korrespondenzblatt des „vereins für nd. sprachforschung", in den „Baltischen studien", endlich in der „Zeitschrift für pommersche volkskunde" ist gelegentlich einiges über pommersche mundarten angeführt. aber meist sind es wohl nur einzelne wörter, bemerkungen über grammaticalische und lexicalische eigentümlichkeiten, dialectproben u. s. w.: alles kleinigkeiten, die nie die grenze einer noch so dürftigen darstellung eines pommerschen dialects erreichen.

Für das mnd. in Pommern ist auch noch wenig gethan. Auszer den älteren ausgaben von Th. Kantzows pommerscher chronik und den Stralsunder chroniken. sowie einer anzahl kleinerer publicationen in den „Baltischen studien", ruht das meiste, was in Pommern mnd. geschrieben und gedruckt wurde, noch in archiven und bibliotheken. Im anschlusz an all diese erwägungen. werden wir wohl am besten thun, wenn wir uns, überall da, wo wir das mnd. heranziehen müssen, wesentlich an Lübbens „Mnd. Grammatik" halten, die doch wenigstens ein bild des durch die schrift überlieferten sprachbestandes giebt. Die belege für die einzelnen wörter entnehmen wir dem mnd. wörterbuch von Lübben und Schiller. Daneben wird nach möglichkeit das and. berücksichtigt werden. Endlich ist anhangsweise hier noch eine art von nd. denkmälern zu erwähnen, die vielleicht am reinsten von allen den dialect wiedergeben. Es sind dies die auch in Pommern ziemlich zahlreich vertretenen nd. hochzeitscarmina des siebzehnten und achtzehnten jahrhunderts (vgl. namentlich K. Adam: „Nd. hochzeitsgedichte des 17. und 18. Jahrhunderts aus Pommern" Nd. Jb. XIX 122 ff. der die nd. hochzeitscarmina der Greifswalder Universitätsbibliothek hier aufzählt, auch einige abdruckt.) Auch in der bibliothek der „Gesellschaft für pommersche geschichte und altertumskunde" in Stettin befinden sich etwa 30 derartige gedichte, wovon 20 abschriftlich in händen des verfassers sind.

In wieweit aber diese so späten denkmäler sichere aufschlüsse über dialectentwickelung geben können, ist eine heute noch ungelöste frage. Sie scheinen zwar den reinen dialect wiederzugeben, aber die nicht gerade phonetische nhd. orthographie, in der sie abgefaszt sind, erschwert die genaue feststellung der aussprache der einzelnen laute auszerordentlich. Die daten der entstehung werden zwar durch die der betreffenden hochzeiten festgelegt, aber die localisierung der einzelnen carmina bereitet manche schwierigkeiten. Der druckort beweist nichts für die heimat des verfassers, namentlich bei den gedichten, die studenten von ihrer alma mater sandten Die herkunft des verfassers ist nur selten angegeben. Auch der ort, wo die hochzeit stattfand, braucht nicht die heimat des dichters zu sein.

Nur eine genaue vergleichung mit den heutigen mundarten könnte vielleicht eine sicherere localisierung ermöglichen.

Aus allen diesen negativen gründen lasse ich die hochzeitscarmina vorläufig bei seite.

§ 8. Die and. und mnd. vocale.

I. Die and. vocale.

Das and. kannte folgende vocale:

1) kurze: a, e, ë, i, o, u
2) lange: â, ê¹ (germ. ê), ê² (germ. ai), i
  ô¹ (germ. ô), ô² (germ. au), û
3) diphthonge: iu, io, (eo), au, (eu), ei.

Ob es im and. schon einen umlaut von o, ô; u û, â gegeben hat, läszt die orthographie nicht erkennen.

ê¹ und ô¹ waren, wie die schreibung zeigt, (vgl. Gallée As. Gr. § 37 ff.) im and. von ê² und ô² in der aussprache wohl noch geschieden: wie, mag hier dahingestellt bleiben.

au und sein nur einige male belegter umlaut eu (vgl. Gallée As. Gr. § 45) begegnet nur für germ. au vor u

ei steht zuweilen für -egi-, -chi- oder ê² (vgl. Gallée As. Gr. § 41. 42). In wieweit aber dies ei für and. ê² vorläufer des mnd. mnd. ei ist, kann bei der geringen anzahl der belege nicht festgestellt werden.

II. Die mnd. vocale.

Das mnd. unterscheidet sich in bezug auf seinen vocalismus nach vier hauptrichtungen hin vom and.

1) Der umlaut, der für das and. nur bei a bezeugt ist, ist im mnd. völlig durchgedrungen. Directes zeugnis dafür ist zwar zunächst nur

die thatsache. dasz auszer *a* jetzt auch and. *ā* vielfach zu *ê* *(ê¹)* umgelautet wird, denn nur das zeigt uns die schrift: aber dasz der umlaut
auch da, wo die schrift ihn nicht bezeichnet (bei *o*, *ō¹*, *ō²* und *u*, *ū*;
wegen *o* und *u* vgl. Nd. Jb. III 1 ff. und Lübben Mnd. Gr. § 26) schon
spät and. oder früh mnd. durchgedrungen ist, beweist die unumstöszliche
thatsache, dasz er im gesammten nd. sprachgebiet heute da durchgeführt
ist, wo wir ihn erwarten müssen (analogische störungen abgerechnet).
Ja er ist sogar (vgl. § 20) im nd. weiter durchgedrungen als im hd.
(woher er nach Lübbens ansicht, and. Gr. § 26, erst im 16. Jahrhundert
in Niederdeutschland eingeschleppt sein soll.*)

2) Die and. diphthonge *io* *(eo)* und *iu* sind im mnd. zu *ê* *(ê¹)* und
ū (*ū²*) (mnd. *ü* geschrieben) monophthongiert worden.

3) Eine der einschneidendsten abweichungen ist durch die tonlängung
d. h. durch die dehnung jedes and. kurzen vocals in betonter, offener
silbe herbeigeführt worden. Diese dehnung ist im nd. und nl. wohl am
frühsten durchgeführt worden, indem schon gegen ende des zwölften
Jahrhunderts die reime Heinrichs von Veldeke es uns bezeugen.

Durch die dehnung entstanden eine anzahl von neuen längen, die
aber nicht ohne weiteres den alten längen gleich waren: sie waren vielmehr ursprünglich wohl alle weite vocale, (wie die neben ihnen stehenden kürzen es noch heute im nd. und nl. sind), während die alten längen
damals groszenteils enge vocale gewesen sein müssen (vgl. § 12). Später
sind allerdings bisweilen die tonlängen mit den alten längen zusammengefallen. so z. b. im heutigen nl. (vgl. Franck mnl. Gr. § 4) und im
heutigen Berliner dialect, dessen laute noch wesentlich nd. sind.

4. Alle tonlosen vocale des and. sind bereits frühmnd. zu murmellauten herabgesunken, die in der schrift bald als *e* *(i)* bald als *o*, *u*
(wohl *ö*-artig gesprochen) erscheinen. Letztere begegnen nur in den vorsilben *vor-* *vur-*, *or-* *ur-*, *bo-* *bu-*, *to-* *tu-*. Heutige nd. mundarten
zeigen, dasz in der that in den letzteren fällen vielfach eine *ö*-ähnliche
aussprache vorhanden war (vgl. J. Bernhardt, „Lautstand der Glück-
städter mundart", Nd. Jb. XVIII 81 ff.).

5. Hiernach ergiebt sich für die vocale der betonten silben folgendes
ideale vocalsystem:

---

*) Lübben hat hier schrift und aussprache mit einander verwech-
selt. Die zeichen für die umlaute von *o* und *u*, *ö* und *ū* sind im
16. Jahrhundert durch vermittelung der obd. drucke in die mnd. orthographie gelangt, nicht der umlaut in die sprache.

I. Kurze vocale:

and.	_a_	_ę_	_ĕ_	_i_	_o_	_u_
mnd.	_a ę*_	_ę_	_ĕ_	_i_	_o ö_	_u ü_
„ tl.	_ȧ ĕ*_	_ę_	_ĕ_	_ī_	_o_	_ö_	_ū_	_ü_

II. Lange vocale:

and.	_â_	_ê¹_	_ê²_	_î_	_ô¹_	_ô²_	_û_
mnd.	_ô¹** ô⁴** â_	_ê¹_	_ê⁵*_	_ê¹_	_ê²_	_î_	_ö¹ ô¹_	_ô² ô²_	_û¹ û_

III. Diphthonge:

and.	_io (eo)_	_iu_	_au_	_ęu_	_ei_
mnd.	_ê¹_	_û²_	_ou****_	_oi***_	_ei_

*) Anm. 1. Ob der in heutigen nd. mundarten vorkommende se-
cundärumlaut von _a, ä, ā_ bis ins mnd. zurückreicht, ist nur für den von
_a_ zu erweisen. der wie der primäre mit _e_ geschrieben wird und auch
wohl ähnlich lautete. Der secundärumlaut von _ā_ und _ā_ (_ĕ_ und _ê⁵_) wird
in der schrift ebensowenig bezeichnet wie der umlaut von _ō_, mit dem er
im mnd. vielfach zusammengefallen ist. Hier ist also nichts zu ermitteln.

**) Anm. 2. Im anschlusz an W. Seelmanns aufsatz: „die mnd.
langen ô (Nd. Jb. XVIII 141 ff.) müssen wir noch ein _ô¹_, _ô¹_ fürs mnd.
ansetzen. das durch einwirkung eines folgenden nasals oder voraufgehenden _w_ aus and. _ā_ entstanden ist.

***) Anm. 3. And. _au_ erscheint mnd. meist als _ou_, indem die
lippenrundung des _u_, sich auf das _a_ übertragen hat.

****) Anm. 4. Mnd. oi ist zum teil wohl ähnlich wie _ou_ aus _au_
aus and. _ęu_ entstanden und wurde wohl _öü_ gesprochen. Zum teil dürfte
es indesz ein secundärumlaut von _ou_ sein.

A. Die betonten vocale im mp.

§ 9. Die regelmäszigen entsprechungen der and. und mnd. kurzen
vocale im heutigen mp.

and.	_a_	_ę_	_ĕ_	_i_	_o_	_u_
mnd.	_ȧ_	_ę²_	_ę_	_ĕ_	_i_	_o ö_	_u ü_
mp.	_a_	_ä_	_i_	_o ö_	_ü ü_

1) and. mnd. _a_ — mp. _a_.

Beispiele:

and. *akkar* mnd. *acker* mp. *akp* (acker)

„ *gram* „ *gram* „ *gram* (gram [aj.])

ahd. *angust* „ *angest* .. *avst~* (angst) u. s. w.

2) and. mnd. *ę, ę²*, *ë* mp. *ä.*

Hieraus geht hervor. dasz im mp. *ę, ę²* (umlauts-*ę*) mit *ë* (brechungs-*ę*) in *ä* zusammengefallen sind. Dieser vorgang geht sicher schon in mnd. zeit zurück. indem schon damals jedes *ę*- vor *r*- unterschiedslos zu *a* wurde (vgl. Lübben Mnd. Gr. § 19). Das mp. schlieszt sich in diesen erscheinungen an einen groszen teil des nd. namentlich des ns. gebietes an.

Beispiele:

ę: and. *ęthili* mnd. *ęddęl* mp. *ädl* (edel)

.. .. *sęttian* .. *sętten* „ *zätn* (setzen)

ę²: .. *mahtig* .. *męchtig* .. *mäztģ* (mächtig)

ë *wëhsal* *węssęl* .. *wäsl* (wechsel)

„ „ *wëg* .. *węch* .. *wäz* (weg) u. s. w.

3) and. mnd. *i* — mp. *ī.*

Beispiele:

and. *kribbia* mnd. *kribbę* mp. *krīę* (krippe)

„ *liggian* „ *liggen* „ *līgp* (liegen) u. s. w.

4) and. mnd. *o* mp. *o.*

Beispiele:

and. *ohso* mnd. *ossę* mp. *os* (ochse)

.. *hof* „ *hof* „ *hof* (hof)

„ *roggo* .. **roggę* „ *rogp* (roggen) u. s. w.

5) and.? mnd. *ö* mp. *ö.*

Beispiele:

and. *kostarari* mnd. *kostęr* mp. *köstp* (küster)

„ *bolken* „ *bölkp* (brüllen) u. s. w.

6) and. mnd. *u* — mp. *ū.*

Beispiele:

and. *full* mnd. *vull* mp. *fūl* (voll)

„ *wulf* „ *wulf* „ *wūlf* (wolf)

.. *stumm(m)* .. *stumm(m)* „ *stūm* (stumm) u. s. w.

7) and.? mnd. *ü* mp. *ü.*

and. *stukki* mnd. *stuckę* mp. *stük* (stück)

„ *umbi* „ *ummę* „ *üm* (um) u. s. w.

§ 10. Das verhältnis von mp. *ī, ū, ü* zu *ä, o, ö.*

Bezüglich der sogenannten brechung (*u, i : o, ę*) hat das mp.. wenn man von der veränderung des *i, u* und *ę* vor *r* (vgl. § 18 I 1,2). sowie

3

von analogischen verschiebungen und dem einflusz des nhd. absieht, im
wesentlichen den germ. stand gewahrt. Wenn das and. oder mnd. hierbei nicht zum mp. stimmen, so kann die mp. form der überlieferten and.
oder mnd. form durchaus an alter gleichkommen.

Analogische ausgleichungen haben sich hauptsächlich zwischen *e*
und *i* (mp. *ä, i*) vollzogen, und zwar in der declination wie in der conjugation.

1) Ausgleichungen zwischen *ä* und *i* in der declination.
Ein wort wie mnd. *smit* (schmied) lautete im gs. *smedes*, im ds.
np. *smede* u. s. w. (wegen der „tonlängung" von *i* zu *e* (vgl. § 11)
Dazu kam das femininum *smede* (schmiede) und das verbum *smeden*
(schmieden). Ganz analag lauteten im mnd. die flectierten formen eines
wortes wie *bret : bredes, - de, - dere* u. s. w., denn tonlanges *i* und *ē*
waren zusammengefallen (vgl. § 11). So wurde denn ausgeglichen: *bredes:
bret = smedes : smet.* Dieser vorgang ist mnd. ebenso gut denkbar wie
mnd., indem trotz des aufgebens der casusformen noch der np., verwandte
verba und substantiva derartige ausgleichungen auch im mnd. ermöglichten.

Beispiele:

mp. *smät* mnd. *smet, smit* mhd. *smit* (schmied)
„ *splät* „ nhd. *splisz* (splisz)
„ *inlät* „ pl. *inlede* brem., am.: *inlid(d)* (inlet)
„ *ögolät* „ *lit* mhd. *lit* (augenlid) u. s. w.

2) Ausgleichungen in der conjugation.

Bei den starken verben hat die zweite und dritte person präs. ind.
sich meist ihre kürze gewahrt, da nach syncope des endungsvocals doppelconsonanz hinter den stammvocal getreten war (vgl. § 26, 1 b).

Es hiesz also mnd.: *ik breke, dü brickst, he brickt,* inf. *breken* u.s.w.

Noch heute haben eine gröszere anzahl nd. dialecte namentlich im
nd. stammlande derartige formen (vgl. z. b. J. Bernhardt a. a. o. XX
p. 25—26). Das mp. hat sie nur noch bei *jebm* und *nemm* erhalten,
sonst hat es hier im verein mit anderen nd. colonialdialecten ausgeglichen
und *ä* an die stelle von zu erwartendem *i* treten lassen, also: *ik brek,
dü bräkst, he bräkt* inf. *breko;* ferner *stäkst* (stichst), *spräkst* (sprichst)
u. s. w. (vgl. auch Nerger, „Grammatik des mckl. dialectes älterer und
neuerer zeit § 207 ff.).

A n m. 1. Für *o* vor *l* + consonant steht bisweilen *u*, mp. *ü* und
zwar auf dem gesammten nd. sprachgebiet im gegensatz zum hd.

Beispiele:

and. *full* mnd. *vull* mp. und gemeinnd. *fül* nhd. *voll*
dol „ *dull* „ *dül* „ *toll*
„ *wulle* „ *wül* „ *wolle*
wulf „ *wulf* „ *wülf* „ *wolf.*

An m. 2. Wegen des überganges von *r* zu *i* vgl. § 20, 3.

§ 11. Die tonlängung und ihre resultate.

Theoretisch hätte man etwa folgende resultate der tonlängung zu erwarten:

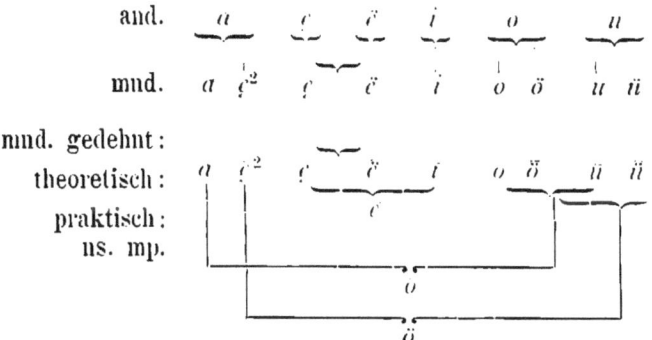

An stelle der mnd. 9 kürzen *a*, *c²* u. s. w. hat das mp. im falle der tonlängung nur die drei laute *c*, *o*, *ö* und zwar *c* für *c*, *č* und *i*, *o* für *ö*, *a* und *u*, *ö* für *ö*, *ü* und *c²*.

Diese erscheinung ist dem ganzen ns. sprachgebiet gemeinsam: nur die wf. mundarten weisen eine gröszere mannigfaltigkeit auf. (vgl. Nerger: Mekl. Gr., § 25 ff., Bernhardt: Nd. Jb. XVIII § 2 und Holthausen: Die Soester mundart § 57 ff.)

Danach ist es wahrscheinlich, dasz die vereinfachung der verschiedenen vocalqualitäten bereits in frühmnd. zeit zurückgeht, wenn auch genauere bestimmungen über beginn und verlauf dieser bewegung nicht zu geben sind. Phonetisch läszt sich dieser vorgang wohl am besten als ein zusammentlieszen der qualitativ am nächsten verwandten weiten längen in eine art von compromisslauten auffassen. So erklären sich wenigstens die klangfarben und die articulation von *c*, *o*, *ö* im mp. (vgl. § 6) und im ns. (vgl. Bernhardt Nd. Jb. XVIII § 2) am einfachsten.

Erklärbar ist dieser zusammenfall wohl dadurch, dasz bei der wenig energischen articulation der weiten längen die klangunterschiede der einzelnen laute weniger scharf empfunden wurden als bei den energischer gebildeten weiten kürzen und engen längen und so im sprachbewusztsein verschiedene vocalqualitäten leichter ineinander übergehen konnten.

Der zusammenfall von *a* (*â*) und *o* bildet wahrscheinlich einen besonderen, späteren vorgang als die übrigen vereinfachungen. Das lehrt uns die mnd. orthographie. Das mnd. schreibt nämlich bis etwa ums jahr 1450 *a* (*oo*, *oe*, *o*) für *o* und *ö*, aber *a* (*aa*, *ae*, *a* für *a* *â*. Dann beginnt die schreibung *a* auch für *o* mehr und mehr um sich zu greifen. (vgl. Lübben Mnd. Gr. § 15.) Lübben glaubte diese erscheinung am besten so zu erklären, indem er, genau im anschlusz an die schrift behauptete, „*ŏ* habe sich zu *ā* gesenkt". Aber der heutige mp. und ns. sprachstand zeigt, dasz von einem übergang von *ŏ* in *ā* sich nirgends eine spur zeigt. dagegen *ā* (*ā*) überall zu *ō* geworden ist. Auch so muszte im mnd. in der schreibung zunächst ein schwanken entstehen zwischen dem zeichen *a* und *o* für jenes neue *ŏ*, bis sich aus rein praktischen gründen *a* für *o* festsetzte, während *ō* jetzt also nur *ô* bezeichnete.

Dieser zusammenfall von *ō* und *a* (*ā*) in *ö* scheidet noch heute das ns. und die angrenzenden gebiete vom wf. (vgl. Jellinghaus a. a. o. § 2).

A n m. Falls *e*², der secundärumlaut von *a* (*ā*), schon in jene zeit zurückgeht, dürfte er auf ähnliche weise mit *ö* zusammengefallen sein wie *a* mit *o*. Die schrift giebt uns darüber keinen aufschlusz.

Beispiele:

1) *e*

e:	and.	*rethi*	mnd.	*rede*	mp.	*rēd~* (rede)
„	„	*thenian*	„	*denen*	„	*denn* (dehnen)
ē:	„	*ëban*	„	*even*	„	*ëbm* (eben)
„	„	*ëtan*	„	*eten*	„	*etn* (essen)
i:	„	*fritha*	„	*vrede*	„	*frēd~* (friede)
„	„	*biti*	„	*bete*	„	*bet* (bisz) u. s. w.

2) *ö*

ö:	and.	*hugi*		mnd.	*hoge* (*a*)	mp.	*höj~* (freude)
„	„	*dugin*	pl. conj.	„	*dogen* (*a*) „	*dögv* (taugen)
ö:	„			„	pl. *hove* „	*höie~* (höfe) u.s.w.

A n m. :

*e*²	„		„	*rade* „	*rödv* (räder) u.s.w.

3) *o*

o: ahd. *ovan* mnd. *oven* (*a*) mp. *obm* (ofen)
u: and. *fugal* „ *vogel* (*a*) „ *fo5l* (vogel)
a: „ *dragan* „ *dragen* „ *drogv* (tragen).

§ 12. Die regelmäszigen entsprechungen der and. und mnd. längen im mp.

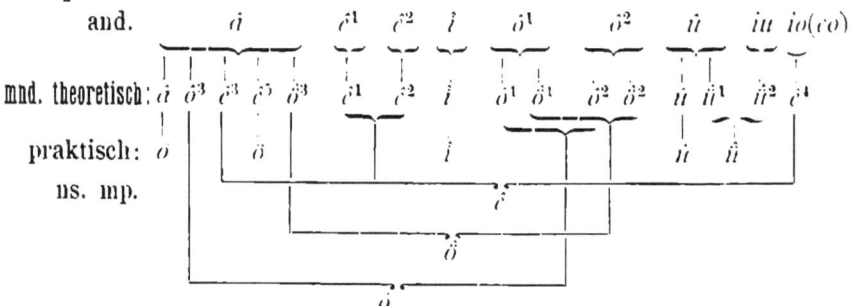

Im mp. erscheinen an stelle von diesen sechzehn etymologisch con-
struierbaren längen nur acht, von denen auszerdem *a* und *ê⁵* (secundär
umlaut) zunächst mit *a* und *ê²*, später mit *o* und *ö* zusammengefallen
sind (vgl. § 11). Diese vereinfachungen fanden in folgender weise statt:
1) Das and. unterschied noch *ê¹* (germ. *ê*, ahd. *ê*, *ea*, *ia*) von *ê²*
(germ. *ai*). Indessen sind beide laute wohl schon im mnd. wenigstens
im mp. und ns., wie der heutige zustand beweist, zusammengefallen.
Auch der mp. zusammenfall dieser beiden *ê* mit *ê³* und *ê⁴* ist gemeinns.
und wohl schon früh mnd. eingetreten.

Beispiele:

ê¹: and. *brêf* mnd. *brêf* mp. *brêf* (brief) ahd. *briaf*
ê²: „ *bên* „ *bên* „ *bên~* (bein) .. *bein*
ê³: „ *wâri* ., *wêre* „ *wêr~* (wäre)
ê⁴: „ *thionôn* ,. *dênen* ., *dênn* u. s. w.

2) Der zusammenfall von *ô*, *ô²*, *ô³* in *ô* und *ö¹*, *ö²*, *ö³* in *ö* im mp.
scheint jüngeren datums zu sein und ist nicht gemeinns. (Vgl. Jellinghaus
a. a. o. § 9, 10, Seelmann Nd. Jb. XVIII 141.)

Beispiele:

ô¹: and. *gôd* mnd. *gôt* mp. *gôt* (gut) mhd. *guot*
o²: „ *bôm* „ *bôm* .. *bôm~* (baum) ,. *boum*
o³: „ *krân* .. *krôn* ,. *krôn~* (kranich) u. s. w.
ö¹: „ *grôni* .. *grône* ,. *grön~* (grün) mhd. *grüene*
ö²: „ *drômian* ,. *drômen*,. *drömm* (träumen) nhd. *träumen*
ö³: nhd. *späne* ., *spône* ,. *spönp* (späne) u. s. w.
3. Die mp. verschmelzung von *ü¹* und *ü²* ist auch gemeinns.

Beispiele:

ü¹: ahd. *bülla* mnd. *büle* mp. *bül~* (beule)
ü²: and. *liudi* ,. *lüde* ., *lüd~* (leute)
4) and. mnd. *i* und *ü* haben sich mp. und ns. unverändert erhalten.

Beispiele:

and. *driban* mnd. *driven* mp. *dribm* (treiben)
„ *thû* ., *dû* ., *dü* (du) u. s. w.

5) Da alle mp. ns. längen mit ausnahme von *a* und *ê⁵* im gegensatz zu den stets weit articulierten tonlängen enge vocale sind, so kann
man mit ziemlicher sicherheit annehmen, dasz sie diese eigenschaft schon
zur zeit der tonlängung gehabt haben. Nur so können wir es verstehen,
warum sie nicht mit den tonlängen zusammengefallen sind.

6) *a* und *ê⁵* waren wohl schon damals weite laute und wohl nie
von *a* und *ê²* verschieden.

Beispiele:

ahd. *ádara* mnd. *ádere* mp. *ŏḍṿ* (ader)

„ *scháṗe* „ *söp* (schafe) u. s. w.

§ 13. Die and. fallenden diphthonge *ei, au (eu)* im mnd. und mp.

and. *ei aii ê² (eei) êg ai*   *au*   *eu*

mnd.   *ei*   *ou*   *oi*

mp.   *äi*   *ou*   *öü*

Das heutige mp. steht im wesentlichen auf mnd. standpunkte, dagegen ist das verhältnis des mnd. zum and. nicht so klar und wird deshalb im folgenden genauer untersucht werden.

1) mnd. *ei,* mp. *äi* geht zurück:

a) auf ein and. *ei ‹ egi.*

Dieser vorgang, lautlich in der weise erklärbar, dasz *egi*   *eji ›* *eii › ei* ergab, begegnet schon im späteren and. und entspricht ungefähr dem mhd. übergang von *-egi-* zu *-ei-* (vgl. Paul mhd. Gr. § 86.)

Beispiele:

and. *segisna* mnd. *seissene* mp. *zäis* (sense)

     „ *méstar*

lat. *magister* „ *meister* „ *mäistṿ* (meister) u. s. w.

b) Auf and. *-ehi-* später bereits *ei.* (Wegen des schwunds von inlautendem *-h-* vgl. Gallée, As. Gr. § 131.)

Beispiele:

and. *slehit* mnd. *sleit* mp. *släit* (schlägt)

     „ **tehin, tein* „ *tein* „ *tägṿ ‹ *täin~* (vgl. § 162) u. s.w.

c) Auf ein and. *ei + i:*

ei + i dürfte nur in den verbalformen mp. *jäit* (geht) und *släit* (steht) mnd. *geit* und *steit,* and. *gêd - ei -, stêd* und *steid,* ebenso in der zweiten person sing. prs. ind. mp. *jäist* u. s. w. im mnd. *ei* mp. *äi* ergeben haben. (Vgl. Kluge Grundrisz I 349, dagegen Bremer: Beiträge XI, 41 ff.)

d) mp. *äi* mnd. *ei* ist *i* umlaut von and. *ê²* (germ. *ai*).

Schon Nerger (a. a. o. § 44) und Lübben (Mnd. Gr. § 28) fanden in einer anzahl mnd. wörter einen diphthong *ei,* der nicht wie sonst vielfach dialectisch mit *ê* wechselte, sondern ganz „fest" zu sein schien. Sie betrachteten dies *ei* meist als graphisches scheidemittel von sonst gleichen wörtern mit *ê* und *ê,* auch dachten sie wohl an entlehnung der betreffenden wörter aus dem hd. Erst nachdem Holthausen (a. a. o. § 72) nachgewiesen hat, dasz das nd. wie das ags. und afr. einen *i*-umlaut des germ. *ai* kennt, konnte man auf den gedanken kommen, dasz jenes „feste" mnd. *ei* einen *i*-umlaut des germ. *ai* and. mnd. nnd. *ê* representiere.

Fragen wir nach dem alter dieses umlautes, so finden wir im and.

von ihm noch keine sicheren spuren. Trotzdem kann er schon damals vorhanden gewesen sein. Man müszte dann annehmen, dasz unumgelautetes i^2, and. ein weiterer laut gewesen ist. also umgelautetes i^2, welchen unterschied die schrift sehr wohl unbezeichnet lassen konnte. Ebensogut kann er indesz auch späteren ursprungs sein.

In beiden fällen dürfte später weites e zu e, enges e zu ei geworden sein, welch letzterer vorgang in jüngeren nd. dialecten ns. wie wf. häufig genug stattgefunden hat (vgl. Nerger a. a. o. § 172. Holthausen a. a. o. § 71 ff.)

Anm. Da im and. - i, - i, - j in flexionsendungen und suffixen recht oft begegnen, müszten wir im mnd. und im mp. einen häufigen wechsel zwischen ei und e, mp. ai und e finden. Aber nirgends giebt es einen derartigen wechsel. Mnd. ei mp. ai begegnet ziemlich selten und nur in isolierten formen oder in ganzen formengruppen. Es hat hier wohl schon sehr früh eine ausgleichung zu gunsten des e, selten des ai stattgefunden.

Beispiele:

and.	mnd.	mp.
hẽeti	*weite*	*wäitn* (weizen)
hẽthin	*heidene*	*häid~* (paganos)
scẽthia	*scheide*	*säid~* (scheide)
hrẽni	*rein*	*räin~* (rein)
gimeini	*gemeine*	*jэmäin~* (gemein)
clẽni	*klein*	*kläin~* (klein)
bẽthia	*beide*	*bäid~* (beide)
arbẽth	*arbeit*	*arbäit* (arbeit)
mp. *arbẽthi*		
- hẽd	*- heit*	*- häit* (- heit)

mp. gs. ds. *hẽdi*

and.		
brẽdian	*breiden*	*bräidn* (braten)
mẽnian	*meinen*	*mäinn* (meinen)
lẽdian	*leiden*	*läidn* (leiten)
ags. *sprẽdan*	*spreiden*	*spräidn* (spreiten) u. s. w.

Anm.

and.		
dẽlian	*delen*	*dẽll* (teilen)
zu *dẽl*	*dẽl*	*dẽl~* (teil)
hẽlian	*helen*	*hẽll* (heilen)
zu *hẽl*	*hẽl*	*hẽl~* (heil) u. s. w.

e) mnd. ei mp. ai = germ. aii.

Entsprechend dem germ. au vor u (vgl. § 13) wurde auch ai vor i nicht zu e monophthongiert, sondern erscheint im mnd. als ei mp. ai.

Beispiele:

germ. *aiia*; and. ei ags. $a5$ mnd. *eig* mp. ai (ei)

blã5i .. *bleige* .. *blai* bleihe·

f) mnd. *ei* mp. *äi* = germ. *ai₅*.

Auch germ. - *ai₅* - ergab über *é₅* ˃ *éi* im mnd. zuweilen *ei* mp. *äi*.

Beispiele:

ags. *stai₅l* mnd. *steil* mp. *stäil~* (steil) ahd. *staigal* u. s. w.

g) mp. *äi* geht zurück auf älteres *äj* mnd. *egge (ejjọ)*.

Ganz jungen ursprungs ist im mp. ein *äi* aus *äj* mnd. *egge (ejjọ)*.
Noch heute finden sich beide arten der aussprache nebeneinander, doch überwiegt bereits *äi*.

Beispiele:

mnd. *segge* mp. *zäj, zäi, zäχ* (vor stimmlosem laut) (sage)

„ *legge* „, *läj, läi, läχ* (lege)

„ *leggehinne* „ *läihin* (legehuhn) u. s. w.

2) mnd. *ou* und *oi* (and. *au, ẹu*) := mp. *ou* und *öü*.

Schon im mnd. giebt es neben den aufs and. zurückgehenden *ou* und *oi* eine anzahl anderer *ou* und *oi*, die meist fremdwörtern angehören. Im heutigen mp. kommen hierzu auszer neuen entlehnungen, eine grosze anzahl schallnachahmender neubildungen, die *ou* oder *öü* zeigen. Endlich begegnen diese diphthonge noch in einigen bisher unerklärten wörtern.

Beispiele:

and. *bihauwan* mnd. *houwen* mp. *houn~* (hauen)

mhd. *mouwe* „ *mouwe* .. *mou* (ärmel)

ahd. *hewi* „ *hoi(ge)* .. *höü* (heu) u. s. w.

afr. *flaüte* „ *vloite* ., *flöüt* (flöte)

mhd. *sloier* .. *sloier* .. *slöüy* (schleier)

lat. *augustus* .. *ouwest* „ *oust~* (ernte) u. s. w.

nhd. *gescheut, gescheidt* : mp. *jəsöüt~*

.. *geleise* „ *jəlöüzχ~*

„ *jauche* : mnd. *jüche* : „ *jöüχ* u. s. w.

mp. *gnouts* (mürrisch), *kaoun~* (miauen)

.. *kaouts* (geschrei), *tṗknoutsn* (zerknittern) u. s. w.

„ *weröüsu* (balgen), *löüχn* (lohe), mnd. *lochene*.

§ 14. Die scheinbaren ausnahmen der tonlängung.

Die mnd. wie die mnl. orthographie zeigen uns deutlich, dasz das gesetz der tonlängung ausnahmslos durchgeführt ist, indem in jeder offenen silbe die länge eines vocals nie bezeichnet wird, als völlig selbstverständlich. Bestätigt wird die mnd., mnl. schreibung noch durch die thatsache, dasz weder nnd. noch nnl. offene kurze drucksilben kennen. Wenn wir nun trotzdem im mp. und anderen nd. dialecten im mnd. wie im nnd. vielfach da kürze treffen, wo wir der and. form zufolge tonlänge erwarten, so war entweder die betreffende silbe zur zeit der tonlängung abweichend vom and. geschlossen, oder wir haben es mit einer jungen einzeldialectischen verkürzung, schlieszlich vielleicht auch mit einer ganz modernen ableitung von einem worte mit kurzer geschlossener silbe zu thun.

1) Die nicht gedehnte silbe war zur zeit der tonlängung im gegensatz zum and. geschlossen.

Eine im and. offene silbe konnte später entweder dadurch geschlossen werden, dasz der auf den kurzen vocal folgende consonant verdoppelt, also die drucksilbengrenze aus ihrer stellung vor dem consonanten in denselben verlegt wurde, oder sie hinter ihn trat.

a) Der auf den silbenschlieszenden kurzen vocal folgende consonant wurde verdoppelt.

Eine wohl schon im frühmnd. eingetretene verdoppelung dürfte überall da vorliegen, wo damals unmittelbar auf jenen consonanten ein - *l,* - *r,* - *m* (- *l,* - *r,* - *m*) folgte, gleichviel ob diese verbindungen bereits and. waren, oder erst später nach syncope eines zwischen beiden lauten stehenden vocals entstanden sind.* (Wegen dieser syncope vgl. § 26, 1.)

Dasz wir es hier wirklich mit geminaten zu thun haben, befürwortet zunächst die mnd. schreibung. Aber die mnd. orthographie konnte ja ähnlich wie die nhd. durch consonantenverdoppelung vielfach nur die kürze des vorhergehenden vocals andeuten wollen, und so beweist diese thatsache noch nichts. Dagegen machen uns noch andere, mehr innere gründe die existenz wirklicher geminaten hier höchst wahrscheinlich.

Wie konnte beispielsweise aus and. *ethili* mnd. *eddel* mp. *ädl* entstehen? Zunächst schwand das zweite - *i,* *th* wurde *d* und - *il* ergab - *el* == *l.* Wie war nun die silbentrennung in dem so entstandenen **edl?* *e* - *dl* war sie gewisz nicht: denn das hätte mp. *e* - *dl* ergeben müssen, dagegen muszten *ed* - *l* oder *ed* - *dl* im mp. zu *ädl* werden. Gegen die syllabierung *ed* - *l* läszt sich nun einwenden, dasz verbindungen von consonant + *l* - *r* - *m* auszerordentlich fest sind, was sich z. b. darin zeigt, dasz eine assimilation der articulationen beider laute vielfach begegnet, (vgl. Sievers phonetik³ § 438) und sie infolgedessen bei der silbentrennung nie auseinandergerissen werden können. So wäre denn die trennung *ed* - *l* nicht denkbar, und so können wir nur die form *ed* - *dl* zur erklärung der mnd. und mnd. form in betracht ziehen.

*Anm. Ob die verbindungen von consonant + *l* - *r* - *m* bereits and. waren oder erst später nach ausfall eines zwischen beiden stehenden vocals zustande gekommen sind, ist, soweit uns die überlieferung nicht hilft, nur bei - *sl* - *sr* - *sm* erkennbar. Während nämlich *s* in den schon and. inlautenden verbindungen - *sl,* - *sr,* - *sm* wie bis heute im wortanlaut bei diesen, stimmlos war, also stimmlose geminata ergab, war *s* da, wo es erst infolge von syncope unmittelbar vor - *l* - *r* - *m* trat, wie jedes intervocalische *s* im nd. und nl. damals schon stimmhaft geworden und wurde zu stimmhafter geminata.

Beispiele:

ags. **besma*, mnd. *bessem*, npl. *besmen*, mhd. *bësem*, mnl. *bezem*, *bessen* (besen), mp. *bäsn* : gemeinnd. *bessen (-m)*.

and. *bodom*, gs. **bodmes*, mnd. *boddem (-m)*, nl. *bodem*, nhd. *böden*, mp. *bodu*, ns. *bodden*.

mnd. *hasle, hassel, hasel*, mhd. *hasel*, nhd. *hāsel* : mp. *hasl*, am. vp. ggr. *hassel*, wf. *hásɔl*.

mnd. *schottel*, nl. *schotel* : mp. *sötl*, gemeinnd. *schöttel* (schüszel). mnd. *nettele, netele* : nl. *netel*, wf. *niɔtɔl* : mp. *nätl*, ns. *nettel* (nessel). mlt. *lamella*, afrz. *lemelle*, mnd. *lemmelen, lemelen, lemlen*, mnl. *lemmele* : mp. *läml*, am. wf. brem. *lämmel* (messerklinge).

mhd. *tumelen*, mnd. *tummelen*, mp. *tüml* (taumeln) : *täml* (taumeln).

mnd. *wriwen*, mp. *ribm* (reiben) : *wribl*, am. vp. *wriwweln* (intensivum).

nl. *gijbelen* (versteckt lachen), nhd. dial. *geiben* : mp. *jibl* (begehrlich den mund aufsperren), am. *gibbeln*.

ns. **pöseln* : ns. mp. *pizl* (an etwas ohne rechten erfolg herumarbeiten).

and. *kitilōn*, mnd. *kettelen, ketelen*, nl. *keteln*, wf. *kiɔtɔln*, ggr. *kételn* : mp. *kätl*, ns. *ketteln, kittelln* (kitzeln).

brem. ggr. *dämeln* : ns. mp. *daml* (taumeln).

ahd. **tusig*, mnd. *dusen, dussen* : ns. mp. *dözn* : ns. mp. *dizl*, wf. *dusseln* (vor sich hinbrüten).

mhd. *roteln*, engl. *ruddle*, wf. *riɔlɔn* : mp. *rödl* (pl. röteln.)

ahd. *butere*, mnd. *botter*, nl. *boter*, wf. *buɔtɔr* : mp. *botp*, ns. *botter* (butter).

and. *withar*, mnd. *wedder*, nl. *weder, wéer*, wf. *wiɔder*, mp. *wädp*, ns. *wedder* (wieder).

and. *nithar*, mnd. *nedder, neder*, nl. *ne(d)er*, ggr. *néer*, mp. *nädp*, ns. *nedder* (nieder).

and. *hwëthar*, mnd. *wedder, weder*, ggr. *wéer*, münst. *wéer* : mp. *wädp*, ns. *wedder* (weder).

mhd. *loter*, mnd. *lodder*, wf. *luɔder*, mp. *lodpbas* (faulpelz!)

mhd. *moder*, nhd. *moder*, nl. *modder, moer*, wf. *muɔder* : mp. *modp*, ns. *modder, mudder* (schlamm).

mhd. *schlottern*, nl. *slodderen* : wf. *sluɔdern* : mp. *slodpn*, nschw. *sluddra* (schlottern).

ns. mp. *sudpn, schuddern* : wf. *suɔdern* (schaudern).

and. *thunar*, mnd. *dunre, donre, dunner, donder, doner* : ns. *dunner, donner*, mp. *dünp* : wf. *duɔner*.

ahd. *elira*, mnd. *elre, elder, eller*, ns. *eller*, mp. *älp* (erle) u. s. w.

b) Die silbengrenze ist hinter den consonanten getreten.

Bei wörtern, die im and. auf *n, m, l* + vocal + geräuschlaut ausgingen, blieb im mnd. in zweisilbigen unflectierten formen dieser vocal, in mehrsilbigen flectierten schwand er meist (vgl. § 26, 1). So hiesz es z. b. im mnd. ursprünglich: *mo-nek* (mönch), gs. *mon-kes*, *monek* muszte zu *mo-nek* gedehnt werden, *mon-kes* blieb unverändert. Nun glich die sprache aus: *mo-nek* und *mon-kes* ergab (eine trennung *mon-ek* war unmöglich) durch addition *mon-nek*. Das ist in der that die gewöhnliche form des mnd. Später gelangte dann vielfach durch systemzwang das -e der unflectierten form in die flectierten oder es wurde auch in den unflectierten getilgt (vgl. § 26, 1).

Beispiele:

mhd. *hem(e)de*, mnd. *hemmede*, *hemmet*, *hemde*, *hembde* : mp. *hämt~*, ns. *hemd*, am. *himm'* : wf. *hiəmd* (hemd).

mhd. *senef*, mnd. *sennep*, *senpdreger*, *sempschottelen* : mp. *zämp*, ns. *semp*.

ags. *hänep*, mnd. *hennep*, *hemmep*, aj. *heuppenen* : mp. *hämp* (hanf).

mnl. *premese* (bremse [am wagen]), mnd. *premsen* : mp. *prämzn* (vollstopfen) u. s. w.

Anm. Bei den wörtern auf and. *-ag (-eg)* mnd. *-ech*, *-ich* mp. *-ʒ*, deren flectierte formen bereits früh mnd. *-ges*, *-ge (-jes, -jə)* u. s. w. lauteten, ist sowohl diese art der silbentrennung als das ursprüngliche denkbar wie gemination des auslautenden stammconsonanten vor *-g(j)*. So konnte z. b. mnd. **ledech* sowohl durch einflusz einer form wie *led-jes* als auch wie *led-djes* zu mnd. *leddech*. mp. *läd'ʒ* werden.

Beispiele:

mhd. *ledec*, mnd. *leddich*, *ledich* : wf. *lidich* : ns. *leddich*, mp. *läd'ʒ* (ledich).

and. *honeg*, mhd. *hunec*, nl. nhd. *honig* : mnd. *honnich*, mnd. mp. *honʒ* (honig) u. s. w.

c) Diese wahrung der kürze, welchen ursachen sie auch zuzuschreiben ist, ist nur zu einem kleinen teil dem nd. noch weniger auch dem nl. und hd. eigen, weitaus die meisten hierher gehörigen fälle sind wesentlich auf das ns. und angrenzende sprachgebiete wie das mp. beschränkt.

Wenn nun aber auch innerhalb des ns. u. s. w. kürze und tonlänge nebeneinander vorkommen, so können die gedehnten formen, teils jüngere ableitungen von gedehnten simplicibus sein. teils kann irgend eine art von ausgleichung innerhalb desselben paradigmas oder zwischen stammverwandten formen stattgefunden haben. (Vgl. die Beispiele von a und b.)

Die im mp. erscheinende kürze ist das Resultat einer jungen specifisch mp. verkürzung eines tl. vocales.

Hierüber wird in § 18, 2 gehandelt werden.

3) Die mp. form mit kurzem vocal ist eine ganz moderne ableitung von einem worte mit kurzer geschlossener silbe. Eine derartige form ist z. b. das aj. *grasɔʒ* zu *gras* (gras) : pl. *grēʒɒ* v. *grōzn* und *utfakɒ* (mit fächern versehen) zu *fak* (fach) pl. *fεkɒ* u. s. w. Solche bildungen sind indesz im mp. noch ziemlich selten, somit also ist der wechsel zwischen kürze in geschlossener und länge in offener silbe noch durchaus lebendig.

4) Auszer den obenerwähnten, einigermaszen erklärbaren fällen kennt das mp. wie das ns. eine anzahl wörter mit erhaltener kürze, für die sich bisher keine passende erklärung gefunden hat.

Beispiele:

and. *these*, mnd. *disse* : ns. *disse* : mp. *dizɒ* : wf. *düssɔ*, nhd. *diese*, mnd. *roddöge*, *rodoge*, nnd. *roddoge*, mp. *rodö* (rotauge [ein fisch]) u. s. w.

B) Fast garnicht begegnet im nd. insbesondere im mp. die im md und obd. so häufige analogische dehnung eines betonten vocals in geschlossener silbe.

Anführen kann man hier z. b. fürs mp. die adjectiva *lōm~* (lahm) und *töm~* (zahm) = mnd. *lam* und *tam*, deren länge indesz ebensogut hd. ursprungs sein kann (vgl. lahm, zahm) wie aus den verben *lömm* (lahmen) und *tömɒjɔn* (zähmen) herübergenommen. Ferner ist noch auf die verbalform mp. *könn*, mnd. *kunnen*, *konen*, and. pl. opt. *kunnin*, hinzuweisen, die ihre tonlänge wohl einer anlehnung an die lautgerechten formen mp. *mögɒ* und *söll*, mnd. *mögen*, *sölen*, and. *mugin*, *sculin* verdankt u. s. w.

§ 15. Die verkürzung eines mnd. *i*, *u*, *ü* vor stimmloser fortis. Im heutigen mp. giebt es vor stimmloser fortis thatsächlich keine *i*, *u*, *ü* mehr. Alle drei laute sind in dieser stellung ohne veränderung ihrer articulation, also zu *i*, *u*, *ü* gekürzt worden.

Auch in den nachbarmundarten des mp., dem um. whp. und shp. ist dies gesetz durchgeführt. Im Stettiner nordd. herrscht diese eigentümlichkeit ebenso vor, soweit sie nicht durch den einflusz des Berliner nordd. und der schule verdrängt wird. Sonst ist diese erscheinung im mnd. nicht sehr verbreitet. Im nnl. dagegen scheint sie vorzukommen und auch das Südafrikanische oder Capholländische kennt sie. Ob aber zwischen nnl. und mp. hier irgend ein zusammenhang besteht, ist zum mindesten sehr zweifelhaft.

Beispiele:

mnd. *bíten*, mp. *bitn* (beiszen). mnd. *líf*, mp. *lif* (leib) pl. *liɒʒɒ*.

mnd. *rik*, mp. *rik* (reich). mnd. *wis*, mp. *wis* (imp. weise) v. *wizn*.
mnd. *sit*, mp. *zit* (seite) pl. *zidu*. mnd. *ut*, mp. *ut* (aus). mnd. *hus*,
mp. *hus* (haus) pl. *häzy*. mnd. *süpen*, mp. *zupm* (saufen). mnd. *hüte*,
mp. *hüt* (heute). mnd. *gäst*, mp. *jäst* (unfruchtbar). mnd. *düster*, mp.
düsty (düster) u. s. w.

A n m. Eigentümlich ist, dasz weder Stettiner noch landleute für
die kürze dieser laute eine empfindung haben. Das kommt daher, weil
sonst im mp. wie im nordd. alle engen laute lang sind und die hd. orthographie *i, u, ü* ebenso wie *î, ü, ü* als längen behandelt. So würde
ein phonetisch ungeschulter Stettiner sprachbeobachter ein mp. *i, u, ü*
ohne bedenken mit *î, ü, ü* transscribieren. So macht es z. b. Ulrich Jahn
in einigen mp. dialectproben seiner „Volkssagen aus Pommern und
Rügen²", Berlin 1889.*)

§ 16. Die verkürzungen langer vocale und diphthonge vor mp.
-*gp* = mnd. - *gen*, - *wen*, vocal + *cu*.

1) *i, u, ü* zu *i, u, ü*.

Dieser specifisch mp. vorgang dürfte wohl mit der energischen articulation der mp. *i, u, ü* (vgl. § 6, 2 b), wie überhaupt der mp. articulationsbasis (vgl. § 2) in zusammenhang stehen. Er erinnert an die kürzungen des wf. vor 5 fortis (vgl. Holthausen a. a. o. § 124); aber, da
das mp. lautgesetz nur *i, u, ü* betrifft, ferner seine resultate enge kürzen
sind, nicht weite wie im wf., es endlich nur vor -*gp* in kraft tritt, ist
wohl jeder nähere zusammenhang mit dem wf. ausgeschlossen.

Übrigens ist das gesetz im mp. völlig durchgeführt.

B e i s p i e l e:

mnd. *stigen*, mp. *stigp* (steigen). mnd. *ligen*, mp. *ligp* (leihen).
mnd. *sugen*, mp. *zugp* (saugen). mnd. *büwen*, mp. *bugp* (bauen). mnd.
klüwen, mp. *klugp* (knäuel). mnd. *berüwen*, mp. *borügp* (bereuen) u. s. w.

A n m. Bei den verben auf - *igp* - *ugp* - *ügp* haben auch die
- *zt* -, - *zst* - formen den kurzen vocal von den - *gp* - formen herübergenommen.
Äuszerlich hat es zwar den anschein, als ob hier eine verkürzung vor
stimmloser fortis eingetreten sei (vgl. § 15). Indessen wird diese ansicht widerlegt durch das vorkommen von lautgerechten formen mit zwei-
gipfliger länge und stimmloser lenis, die freilich am aussterben sind.

B e i s p i e l e:

mnd. *büwen, gebüwet:* mp. *bugp*, † *büzt~, buzt* (bauen, gebaut) u.s.w.

2) *ou, öü, äi* zu *o, ö, ä*.

Bei dem übergang eines mnd. - *oumn*, - *öüüm* - *eimn* zu - *ogp*
- *ögp*, - *ägp* im mp. kann man eigentlich von einer verkürzung nicht reden.

_____

*) In dieser hinsicht dürften auch die Wenkerschen sprachkarten recht unzuver
lässig sein.

indem hier wie sonst überall im ns. und mp. intervocalisches *u, ü, i* zu *j, 5* wurde, im mp. vor - *n* auch *uu, üü* und *ii* zu 55 und *jj* geworden sind, die später wie alle stimmhaften geminaten stimmhafte fortes ergaben und endlich vor - *n* in - *g* - übergingen. Dieser mp. vorgang entspricht in seinen resultaten völlig der westfälischen verkürzung vor 5 fortis (vgl. Holthausen a. a. o. § 124). Aber da er im mp. nur vor - *gv* statt hat, so ist ein directer zusammenhang mit dem wf. nicht sicher.

Dasz das mp. gesetz nur vor - *n* in die erscheinung tritt, läszt uns auch die an zahl die regelrechten bildungen fast übertreffenden ausnahmen begreiflich erscheinen; es ist hier eben nach den formen mit erhaltenem *u, ü, i* ausgeglichen worden Auch ein umgekehrter ausgleich begegnet.

Beispiele:

and. *hannan,* mnd. *honaven,* wf. *ho5n,* vp. *haugen* : mp. † *hogv* : *houn~, hout~* (hauen).

and. **streunian,* mnd. *stroigen (ströüüm),* wf. *strö5n,* vp. *streugen* : mp. *strögv* : *ströut~* (streuen).

mnd. *monave,* vp. pl. *maugen,* mp. *mou, mo5,* pl. *mogv* (ärmel).

and. **tehin, tein,* mnd. *tein, teigen,* vp. *teigen* : mp. *tägv* (zehn).

and. *hreni,* mnd. *rein,* vp. *reigen,* mp. *räin~,* † *rägv (rein).*

§ 17. Die verkürzungen langer vocale vor doppelconsonanz.

Wie alle germ. sprachen hat das nd. speciell das mp. als gegenstück der dehnung kurzer vocale in offener silbe vielfach eine verkürzung alter längen in geschlossener silbe und zwar meist vor doppelconsonanz eintreten lassen. Von einem allgemein durchgeführten gesetz ist hier indessen nicht die rede. Die hier in betracht kommenden consonantenverbindungen sind hier im wesentlichen: - *tt, -dd, -ft, -χt, -st, -ss, -mm, -mb, -nd.* Die resultate der kürzungen gleichen im allgemeinen den alten kürzen. nur *ô (ö)* wird gewöhnlich zu *u (ü)* verkürzt.

Die hierher gehörigen vorgänge sind zum teil früh mnd.. vielfach gemeinnd., zuweilen auch nl. und hd., zum teil sind sie jüngeren ursprungs und nur nd. dialecten eigen.

Beispiele:

ags. *attor,* mhd. *eiter* : mnd. nl. *etter* : mp. *ätp* (eiter).

ags. *feted,* mhd *feizt* : mnd. *fet* : mp. *fät* (fett).

ags. *hlædder,* ahd. *leitara* : mnd. *ledder* : mp. *lädp* (leiter).

ags. *blæder,* ahd. *blättara (a),* mnd. *bledder, bladder* : mp. *blädp.*

ahd. *süfteön,* mhd. *siuften* : mnd. *suften, suchten* : mp. *fp-zäftn* (verschmerzen).

mhd. *sihte,* nhd. *seicht* : mp. *zịχt* (seicht).

mhd. *liuhten,* nhd. *leuchten* : mnd. *luchten,* mp. *lüχtn.*

mhd. *diuhte*, nhd. *däuchte*, mnd. *duchte*, mp. *düzt* (däuchte).
mhd. *riste*, mnd. *riste*, mp. *rist* (flachssträhne).
mhd. *röst*, mnd. *rost*, mp. *röst* (rost) [am herd]).
and. *bósm*, mnd. *busme*, *bussen*, wf. *bossmen*, mp. *büsn* (busen).
mnd. *gosselen* : *gös* : mp. *jüsl* (junge gans).
and. *jámer*, mnd. *jamer*, *jammer*, ns. *jammer* : wf. ggr. *jämer* :
mp. *jamp* (jammer).
and. *ēmbar*, mhd. *eimber* : mnd. *emmer*, *ammer*, mnd. *emmer* :
mp. *ämp* (eimer).
mhd. *friunt*, nhd. *freund* : mnd. *vrunt*, mnd. mp. *fründ* (freund).
mnd. *merredik* : mp. *marok* (vgl. § 19, 2 b) (merrettich).
mnd. *unvorwantdhes* : mp. *unfparqns~* (unabsichtlich).

Anm. In der conjugation gehören namentlich eine anzahl von
zweiten und dritten personen präs. ind. starker oder schwacher verba
sowie einige schwache präterita hierher (vgl. § 26 1).

Beispiele:
and. *bitis* : mnd. *bitst*, mp. *bitst* (beiszest).
and. *sôkis* : mnd. *sochst*, mp. *zözst* (suchest).
and. *gibôtid*, mnd. *gebot*, mp. *inböt* (gebüszt, eingeheizt).

§ 18. Jüngere meist specifisch mp. kürzungen langer oder tonlanger vocale.

1) Jüngere kürzungen alter längen: Diese jüngeren kürzungen
fanden teils wie die älteren vor einer folgenden doppelconsonanz statt,
teils sind sie die folge geringen nachdrucks auf dem betreffenden vocal.
Letzteres begegnet besonders bei einsilbigen formwörtern und hülfsverbis.
An vocalen kommen hierbei hauptsächlich: *o*, *ō*, *ô*, *ö*, *ê* in betracht,
deren kürzungen *o*, *ö*, *u*, *ü*, *i* lauten. In einigen fällen findet sich hier
heute noch ein schwanken zwischen kürze und länge.

Beispiele:
mnd. *hêtest*, mp. *hitst* heiszest. nhd. *vorteil*, mp. *fürtl* (vorteil)
(vgl § 27, 1). mnd. *bôlcken*, mp. *anpbälkokinp - ö~ -* (nachgeschwister-
kinder). mnd. *adebôre*, mp. *~ölber~*, *olber~* (storch). mnd. *ôk*, mp.
ük, mnd. *ôk* (auch). mnd. *tôme*, mp. *tüm* (zaum). mnd. *dône*, mp. *dün*
(damals). mnd. *tôve man*, mp. *tüma*, *tôma*, *töe~ ma* (warte nur).
mnd. *môt*, mp. *müt* (musz). nl. mnd. *môten*, mp. *mütn* (müszen) u. s. w.

2) Jüngere kürzungen tonlanger vocale.

Im mp. zeigen eine anzahl wörter, die im mnd. sonst überall tonlänge haben, einen kurzen stammvocal, der nur als kürzung einer tonlänge erklärbar ist. So ist z. b. das *o* in mp. *homp* (hammer) mnd. mnd.
hämer als directe entsprechung des and. *a* in *hamar* nicht gut denkbar.

da and. mnd. *a* vor *m* im mp. niemals direct zu *o* wird, wohl aber läszt sich dies *o* als kürzung eines gemeinnd. *ā*, mp. ns. *ō* verstehen.

Beispiele:

mnd. *kāmer*, nnd. *kāmer* : mp. *komp* (kammer). mnd. *hāmel*, nnd. *hāmel*, mp. *homl* (hammel). mnd. *kōmen*, nnd. *kāmen*, mp. *komm* (kommen). mnd. *twēlink*, nnd. *twēling*, mp. *twälink* (zwilling) mhd. *zwinelink*. mhd. *slite*, mnd. *slēde*, nnd. *sleden*, mp. *slädn* (schlitten) u. s. w.

§ 19. Die nd. *r*-gesetze im mp.

a) Die brechung eines *i, u, ü* zu *e, o, ö* vor *r* + consonant.

1) Veränderungen der vocalqualität durch einflusz eines - *r* + consonant.

Schon in frümnd. zeit gingen *i, u, ü* vor - *r* + consonant auf dem ganzen nd. nl. und md. sprachgebiet in *e, o, ö* über.

Phonetisch erklärbar ist diese erscheinung wohl als folge einer damals eintretenden änderung der - *r* articulation, die darin bestand, dasz *r* nunmehr mit zurückgezogener zungenspitze und einer damit verbundenen senkung der hinterzunge gesprochen wurde, eine stellung, die die articulation eines unmittelbar voraufgehenden *i, u, ü* nicht gut zuliesz.

Beispiele:

and. *kurt*, nnd. *kort*, mp. *kort* (kurz), nl. *kort*, md. *korz*. mhd. *stürzen*, mnd. *storten*, mp. *störkp* (stürzen), nl. *storten*, md. *sterzen*.

mhd. *durst*, mnd. *dorst*, mp. *döst* (durst), nl. *dorst*, md. *dorscht*. mhd. *birke*, mnd. **berke*, mp. *bark*, nl. *berk*, md. *berke* u. s. w.

b) Der übergang von mnd. *e* vor *r* + consonant in *a*.

Ein weit späterer vorgang als die „brechung" eines *i, u, ü*, der aber immerhin gemeinns., zum teil auch nl. ist, ist der übergang eines mnd. *e* vor *r* + consonant (auszer - rd - rn, wo *e* schon vorher gedehnt war) in *a*. Diese erscheinung begann im späteren mnd. im Nordwesten und drang erst im 16. jahrhundert in den Osten des nd. gebietes (vgl. Lübben Mnd. Gr. § 19). So erklärt es sich, dasz dies gesetz im mp. nicht völlig durchgedrungen ist, in dem z. b. in der verbindung - *rl* *ä* erscheint, ferner dasz im mp. im gegensatz zum ns. in einigen wörtern auf - *rs* + consonant *r* schon geschwunden war, ehe - *e* - davor zu *a* werden konnte.

Phonetisch ist diese erscheinung ganz ähnlich zu erklären wie die ältere „brechung", nur müssen wir als ihre ursache eine noch weitere zurückziehung der zunge bei der - *r* - artikulation annehmen als bei jener, da nur so die verwandlung des palatalen *e* in das velare *a* zu verstehen ist.

Beispiele:

nhd. *hirse*, mnd. *herse*, mp. *haz* (hirse).

and. *werk*, mnd. *werk -a-*, mp. *wark* (werk), ns. *wark*, nl. *werk*,
and. *erbi*, mnd. *erve*, mp. *arf* (erbe), ns. *arf*, nl. *erf*.

and. *herta*, mnd. *herte -a-*, mp. *hártspan* (herzgespann), ns. *hart*,
nl. *hart* u. s. w.

mnd. *kerle*, mp. *kärl* (kerl), ns. *kêrl*, mnd. *kersebere*, mp. *käspy*
(kirsche), ns. *karsbêr*, nl. *kers*.

mnd. *gersteleu*, mp. *jäsl* (eine art des backens), ns. *gasseln*,
mnd. *gerste*, mp. *jäst* (gerste), ns. *gast*, nl. *gerst*.

mnd. *erkener*, mp. *ärtuy* (erker) u. s. w.

Anm. Trotzdem man im hinblick auf diese beiden gesetze erwarten dürfte, dasz im heutigen mp. vor *r* + consonant nur *a*, *o* und
ö (*e*) vorkommen könnten, begegnen in einer groszen anzahl von wörtern
i, *u*, *ü*; *e* vor diesen verbindungen. Indessen zeigt es sich bei genauerer
untersuchung, dasz all diese wörter erst nach der wirkung dieser -*r*- gesetze ins nd. gekommen sind, sei es als lehnwörter, sei es als schall-
nachahmende neubildungen, sei es endlich, dasz sie die resultate einer
späteren analogie representieren. Phonetisch möglich aber waren solche
bildungen im mp. deshalb, weil die articulation des -*r* sich wieder in
der weise geändert hat, dasz sie sich mit der eines *i*, *u*, *ü*; *ä* vertrug.

Beispiele:

a) Lehnwörter:
nhd. *irren*, mp. *iru* : mnd. *erren*, nhd. *geschirr*, mp. *jısür*, nhd.
burg, mp. *bürz* : mnd. *borch* u. s. w.

b) Lautnachahmende neubildungen:
mp. *surn* (scharren), *gnirn* (knurren), mp. *surn* (schnarren), *knirn*
(knarren), mp. *klirn* (klirren) u. s. w.

c) Analogische bildungen:
mp. *he stüra~* (er stürbe) : *hülp* (hülfe), mp. *he wür* (er würde)
hülp (hülfe), md. *storve*, *worde* (sturve, wurde) u. s. w.

2) Dehnungen kurzer vocale vor -*r*.

a) Dehnungen vor -*r*, -*rd*, -*ru* (-*rs*, -*rt*).

Schon im mnd. wurde ein kurzer stammvocal vor -*r*, -*rd*, -*ru*
(-*rs*, -*rt*) gedehnt. Die resultate dieses vorgangs sind im mp. z. b. folgende: *a* ergab *o*, *e* (*u*, *e*[1], *ê*) *e*, *o* *o* ô, *ö* *ö*. Es ergab damals also noch
e vor *r*, und so fällt diese dehnung zeitlich vor den übergang von *e* zu *a*
vor *r*. Von *i*, *u*, *ü* zeigt sich in den resultaten dieses vorgangs keine
spur mehr; aber da diese ja bei der dehnung selbst oder bald darauf
mit den gedehnten *e*, *o*, *ö* zusammengefallen sein können, ist der ter-
minus a quo für dies gesetz hierdurch nicht recht bestimmbar. Mit der

tonlängung hat diese erscheinung nichts zu thun, da sie sich ja in geschlossener silbe vollzogen hat. Bezeugt wird er fürs mnd. durch schreibungen wie: *baert*, mp. *bört*~ (bart), *koren*, mp. *körn*~ (korn) u. s. w. Dies gesetz scheint gemeinnd. zu sein, aber die resultate der dehnung sind nicht überall die gleichen (vgl. Nerger a. a. o. § 170 ff., Holthausen a. a. o. § 84 ff. mit dem mp.)

Beispiele:

and. *dor*, mnd. *dör*, mp. *dör*~ (thor). mhd. *bar*, mnd. *bar*, mp. *bor*~ (baar). mhd. *hër*, mnd. **hër*, mp. *her*~ (her). and. *thorn*, mnd. *dören*, mp. *dörn*~ (dorn). and. *forth*, mnd. *vört*, - **des*, mp. *förts*~ (sofort). and. *örd*, mnd. *ört* gs. *ördes*, mp. *ört*~ (ort), mhd. *garn*, mnd. *gären*, mp. *gorn*~ (garn). mhd. *garte*, mnd. *garden*, mp. *gorn*~ (garten). mhd. *pfört*, mnd. *perd*, - *des*, mp. *pert*~ (pferd). mhd. *zürnen*, mnd. *sick vortörnen*, mp. *ziχ fytörn*~ (sich erzürnen). mhd. *bars*, mp. *bors*~ (barsch). mnd. *ars*, mp. *nors*~ (arsch). lat. *porta*, mnd. *pörte*, mp. *pört*~ (pforte) u. s. w.

A n m. Die ausnahmen der dehnung vor - rd — sonst giebt es keine - erklären sich auf folgende weise: Vor - *t* wurde mit ausnahme von *pört*~ (pforte) nie gedehnt. Infolgedessen muszte in wörtern wo - d und - *t* mit einander wechseln bald länge bald kürze begegnen. Meist übertrug man jedoch die länge der (flectierten) - *d* - formen auf die (unflectierte) - *t*- form (vgl. die beispiele: *bort*~ u. s. w.), zuweilen geschah jedoch auch das umgekehrte. So lautet z. b. and. *werthan*, mnd. *werden* im mp. nicht wie man erwarten sollte *wërn*~, aus ~*werdn* sondern *warn* ‹ *wardn*. Schon in mnd zeit wurde hier wohl der kurze vocal der zweiten und dritten person prs. ind: *wërst*, *wërt*, mp. *wast*, *wāt* auf die - *d* - formen übertragen.

b) Dehnung eines spätmnd. *a* vor - *r* zu *a*.

In der dehnung eines spätmnd. *a* vor *r* + consonant zu *a* haben wir eine wohl erst mnd. erscheinung vor uns, die allerdings auch im ns. bereits begegnet (vgl. Bernhardt a. a. o. § 2) und zuweilen (im mp. vor - *s*, - *t*) von schwund des *r* begleitet wird.

Phonetisch läszt sich dieser vorgang, der übrigens auch bei *ä* vor *r* + consonant (nur in hd. lehnwörtern) statt hat, durch die tiefe lage der zunge bei bildung eines *a* und *ä* in verbindung mit einer gewissen trägheit dieses organs, einigermaszen erklären.

Beispiele:

mnd. *warm*, mp. *warm* (warm). mnd. **berkera)*, mp. *bark* (birke). mnd. *market*, mp. *mart* (markt). mnd. *swart*, mp. *swat* (schwarz). mnd. *stert*, mp. *stat* (schwanz). nhd. *derbe*, mp. *därf* (derb). nhd. *herr*, mp. *här*, *har* (herr). nhd. *gegerbt*, mp. *järft*, *garft* (gegerbt) u. s. w.

§ 20. Qualitative veränderungen kurzer vocale vor *l, n* + *(d), t; v* + *(g), k; nn*.

1) Der übergang von and. *a* in mnd. *ö, o* vor *l* + *d, t*. Schon im frühmnd. ging and. *a* vor *l* + *l* in *o* über, das vor - *l* + *d* ähnlich wie vor - *r* + *d* gedehnt wurde und zwar zu *ö*. Dies fand statt im ns. und nl., welch letzteres allerdings *o* niemals dehnte. In mnd. zeit hat das westns. den mnd. stand im wesentlichen gewahrt, indem höchstens *ö* analogisch in einige - *t* formen drang, das ostns. dagegen, sowie alle pommerschen mundarten, darunter das mp., haben *o* verallgemeinert.

Beispiele:

and. *ald,* mnd. *olt, ölde,* brem. *oold,* nl. *oud,* vp. *ollt,* wf. *ald :* mp. *olt, olp,* hp. *ült* (alt).

and. *salt,* mnd. *solt, soltig,* brem. *solt,* nl. *zout,* vp. *sollt,* wf. *sält :* mp. *zolt, zoltz,* hp. *zült* (salz).

and. *haldan* mnd. *hölden, hē holt,* brem. *hoolen, hē hölt,* nl. *honden,* vp. *hollen,* wf. *häldm :* mp. *holl,* hp. *hül* (halten) u. s. w.

Anm. Ausnahmen sind: mnd. *spalderen, spolderen :* mp. *spalpu* (spalten), mnd. *baldēren,* mp. *balpn* (schleudern). mnd. *balde, boldo,* mp. *bal,* hp. *bül* (bald).

2) Der übergang eines mnd. *i, ü, ü* in *i, u, ü* vor *n* + *(d), t; v* + *(g), k*. Eine eigentümlichkeit, die das mp. vom ns. scheidet, ist der übergang eines mnd. *i, ü, ü* vor *l, n* + *(d), t; v* + *(g), k*. Auch die nachbarmundarten des mp. kennen diese und ähnliche erscheinungen. Im Stettiner hd. wechselt die mp. aussprache mit der des Berliner nordd., das diese eigentümlichkeit nicht kennt: namentlich ist in Stettin vor *l* + *d, t; i, ü, ü* vorherrschend, während vor *n* + *d, t* und besonders vor *v* + *(g), k; i, u, ü* überwiegen.

Seinem alter nach geht dies gesetz wohl schon in die zeit vor dem übergang eines - *nd* -, - *ld* -, - *ng* - über - *nn* -, - *ll* -, - *vv* -, in - *n* -, - *l* -. - *v* - zurück, fällt also wohl noch ins mnd., in dessen letzter periode jener übergang stattfand.

Phonetisch erklärbar ist diese erscheinung durch die starke engenbildung und die energische hebung der vorderzunge bei der articulation eines *l* + *d, t* u. s. w., eine thatsache, die mit der articulationsbasis wohl in näherem zusammenhang steht.

Beispiele:

mnd. *binden,* ns. *binnen :* mp. *binn* (binden). mnd. *bünd,* opt. prt. ns. *bünn',* mp. *bün* (bände). mnd. *gebunden,* ns. *bunnen,* mp. *bunn* (gebunden). mnd. *wild,* ns. *will,* mp. *will* (wild). mnd. *bildere,* ns. *biller,* mp. *bilp* (bilder). mnd. *singen,* ns. *singen,* mp. *zinn* (singen).

mnd. *sinken*, prt. ns. *sinken*. mp. *zivkv* (sinken). mnd. *vùnke*. ns. *finken*, mp. *fuvkv* (funken) u. s. w.

Anm.: Ausnahmen sind:

mnd. *jùnk*, mp. *jùvk*. comp. *jùvp* (jung). mp. *kliutp* (klumpen). mnd. *gesinde*, mp. *jesìn* (hd.?) gesinde. mnd. *unde*, mp. *in* (und) hatte das *-de* wohl schon vor wirkung des gesetzes eingebüszt.

3) Der übergang von *e* in *i* vor *n*, *v* + consonant.

Schon im mnd. findet sich bei zwei wörtern mit *e* vor *-nn* und *-ng* ein übergang von *e* zu *i*, woneben allerdings auch formen mit *e* vorkommen. Die beiden wörter sind: mnd. *henne*, *hinne*, mhd. *henne*, mp. *hìn*. mnd. *hengest*, *hingest*, mhd. *hengest* : mp. *hivst~*.

§ 21. Der *i*-umlaut im mp.

1) Ergebnisse des *i*-umlautes im mp.

Die resultate des *i*-umlauts sind im mp. wie wohl überall die genauen palatalen entsprechungen der zu grunde liegenden velarvocale. Im einzelnen ist darüber bei den regelmäszigen entsprechungen der and. und mnd. vocale im mp. (vgl. §§ 9 11) gehandelt worden. Hier ist an besonderheiten noch folgendes nachzutragen.

e statt *e* als umlaut von *a*:

Neben dem im mp. und ns. gewöhnlichen umlaut von *a* dem *e* (*e*[3]) erscheint im mp. vor and. *i* ein *e*. Es handelt sich hier wohl auch um einen wesentlich anderen vorgang als den sonstigen umlaut eines *a* zu *e*. Vergleichen wir z. b. mp. *zegv* (säen) mit dem vp. *seigen* und nl. *zaaijen*, so kommen wir auf die vermutung, dasz hier mp. *e* vertreter eines diphthonges *ei* sein könnte. Zu grunde liegt and. *saian*. Daraus wurde im mnd. (ns.) *seijen* = *seijon* (Neiger a. a. o. § 44) d. h. *ai* war (ähnlich vielleicht wie in *geit* aus **ga-it*) zu *ei* umgelautet. ein vorgang, der dem übergang von and. *au* in *ou* wohl an die seite zu stellen ist. und auszerdem war wie auch sonst im mnd. (ns.) zwischen vocalisch auslautenden stammvocal und vocalisch anlautender endung ein *-j-* eingefügt worden (vgl. z. b. and. *skrian*. mnd. (ns.) *schrigen*, vp. *schrigen* : mp. *srigv* u. s. w). Diese mnd. (ns.) form *seijon* dürfte sowohl fürs vp. *seigen* als auch das mp. *zegv*. die gemeinsame vorstufe sein. indem im vp. *-ei-* zu *-ei-* verkürzt wurde. im mp. die länge zwar blieb. aber das *i* schwand.

Beispiele:

mhd. *maejen* mnd. *meijen*, *meigen* (mähen) vp. *meigen* nl. *maaijen* : mp. *megv*.

mhd. *draejen* mnd. *dreijen*, *dreigen* (drehen) vp. *dreigen* nl. *draaijen* : mp. *dregv*.

Ferner: *negv* (nähen). *wegv* (wehen). *kregv* (krähen).

Anm. Ganz ähnlich erscheint and. - öiau im mnd. (ns.) als -oijen, - öigen mp. - ögv vp. - engen = - öügv.

Beispiele:

mhd. blüejen mnd. bloijen, bloigen (blühen) vp. blengen nl. blocijen : mp. blögv u. s. w.

2) Verbreitung des i-umlautes im mp.

In der verbreitung des i-umlautes unterscheidet sich das mp. wohl nicht wesentlich vom übrigen nd. Schon früher haben wir darauf hingewiesen (vgl. § 8. 2), dasz der umlaut im nd. wahrscheinlich bereits sehr früh aufgetreten ist, ja dasz er dort ein gröszeres gebiet sich erobert hat, als im hd. Letztere behauptung soll im folgenden durch anführung einiger thatsachen gestützt werden.

a) Das nd. kennt wie das md im gegensatze zum obd. einen umlaut von germ. au and. ö = ö.

Beispiele:

and. gilöbian ags. gelvfan (glauben) mp. nnd. glöbm : md. glauben : mhd. gelouben nhd. glauben.

and. *köpian ags. cypan kaufen mp.nnd. köpm md. käufen mhd. konfen nhd. kaufen.

and. biröpian ags. rvpan raufen mp. nnd. röpm md. räufen mhd. roufen nhd. raufen.

and. höbid mp. nnd. höft haupt nd. höubet mhd. houbet nhd. haupt u. s. w.

b) Das nd. kennt wie das ags. und afr. einen umlaut des germ. ai and. ê = mnd. mp. ei. Vgl. darüber § 13.

c) Die and. u-stämme haben im nd. im gegensatz zum hd. meist einen umlaut ihres stammvocales.

Beispiele:

ags. nasu mnd. nose mp. nes ~ nl. neus mhd. nhd. nase nase, ags. and. sunu mnd. sone mp. nnd. sön ~ mhd. sun nhd. sohn nl. soon (sohn). ags. hnutu mnd. note mp. nöt nl. neut. noot mhd. nuz nhd. nus: (nusz). ags. duru mnd. dore mp. dör ~ thüre and. dur, dura u. s. w.

d) Einzelfälle: and. umbi ags. ymbe : mp. nnd. üm mhd. umbe nhd. um. mp. öev nhd. ufer. mp. bök ags. bec. nhd. buche. mp. ~hemstp nhd. hamster. mp. hämp nhd. hanf. mp. rögv nhd. regen u. s. w.

§ 22. Labialisierungserscheinungen im mp.

Im mp. wie auch sonst vielfach im nd. giebt es eine ganze anzahl wörter, die als stammvocal ü, ü, ö, ö, ü, ö u. s. w. zeigen, während man im hinblick auf das and. und andere germ. dialecte i, i, a, e, i, e erwarten möchte. Bei näherer untersuchung hat es sich für das mp. wenigstens herausgestellt, dasz von einem consequent durchgeführten gesetze hier kaum die rede ist. die hierher gehörigen wörter sind vielmehr auf verschiedene art zu erklären und verteilen sich auf folgende gruppen.

1) Die erste dieser gruppen bilden wörter, wo wahrscheinlich ein labialer laut die rundung des ursprünglich ungerundeten palatalvocals verursacht hat.

Beispiele:

mnd. *pelle* nl. *pel* lat. *pellis* : mp. *pöl* vp. v. *pöllen* (schale). mnd. *rim* mp. *rüm* (reim). and. *silubar* mnd. *sulver* mp. nnd. *zülvp* (silber). and. *self* mnd. *self, sulf* mp. nnd. *zülft* (selbst). lat. *mentha* mnd. *minte* mp. *münt* nhd. *müntze* mintze). and. *sibun* mnd. *seven, soven* mp. *zöbm* westns. *seven* nl. *zeven* mhd. *siben, süben* (sieben). and. *fiftig* mnd. *veftig, voftig* mp. *föftig* nnd. (ns.) *foftig, föftig* : mhd. *funfzig* u. s. w.

2) Die zweite gruppe umschlieszt wörter mit liquida oder nasal im inlaut. die abweichend von der gewöhnlich im germ. bezeugten mittleren ablautsstufe tiefstufe mit umlaut zeigen.

Beispiele:

ahd. *drescan* st. mnd. *derschen* st., *dorschen* sw. nl. *dorschen* sw. : mp. *dösn* sw. and. *druskian* sw. (dreschen). nhd. *first* mnd. *verst, vorst* nl. *vorst* mp. *föst* and. *furst* (i-stamm) (first) u. s. w.

3) Eine dritte gruppe bilden wörter, wo der gerundete laut auf analogischem wege an die stelle des angerundeten getreten ist. So ist z. b. das *ö* in mp. ns. *ölpn* mnd. *olderen* : and. *eldiron* (eltern) wohl nur der anlehnung an mnd. nnd. mp. *olt* (alt) zuzuschreiben. Ferner haben mp. ostns. *zös* (sechs) *zöstägv* (sechzehn) *zöstiz* sechzig) *zöstv* (sechster) mnd. *sos, ses* u. s. w. and. *sehs* u. s. w. ihr *ö* infolge von einflusz von mp. ostns. *zöbm* mnd. *soven, föftiz, föftägv* mnd. *voftig, voftein* u. s. w. erhalten mp. ostns. *drüdv, drütiz, (dörtvz)* mnd. *dridde, drudde, druttich, dortich, dertich* (dritter. dreiszig) : and. *thriddia, thritig* endlich verdanken ihr *ü* wohl nur der anlehnung an mp. *drütägv* mnd. *drutein, druttein* ns. *drüttein* und. *thriutein* (dreizehn) das seine kürze wieder aus *drüdv drütvz* erhalten hat u. s. w.

4) Dem nhd. entlehnt sind wörter wie *söp* (schöffe) mnd. *schepe* ebenso *söpm* and. *skepian* mnd. *scheppen* : nhd. *schöpfen* u. s. w.

§ 23. Die entrundung im mp.

Da das mp. bei der starken labialisierung seiner gerundeten vocale nicht im geringsten zur entrundung neigt. so kann jene erscheinung in echt mp. wörtern nicht vorkommen. Trotzdem giebt es eine anzahl von mp. wörtern, die *i* statt *ü, i* statt *ü* zeigen. dabei aber durchaus nd. lautcharakter haben.

Aus einer der benachbarten mundarten können sie nicht stammen.

da auch diese die entrundung nicht kennen. So bliebe den nur das Stettiner nordd. als ihre quelle denkbar, wo sie in der that auch vorkommen. Aber auch hier können sie nicht heimisch sein, denn das Stettiner nordd. kennt sonst die entrundung ebensowenig wie das mp. und so bleibt nur die annahme übrig, dasz sie in letzter instanz dem Berliner nordd. angehören, wo sie durchaus lautgerecht sind. Von da wären sie wie so manches andere wort nach Stettin und weiter ins mp. gelangt.

Beispiele:

mp. *dripl* nrdd. *drippeln* (tröpfeln) mp. *drüpm* (tropfen) mp. *sip*, *süp* nordd. *schippe* (schantel) : ns. *schüpp*. mp. *stipm* nordd. *stiepen* (,stäupen') : mp. *stüp* (staupe) mp. *stipp* nordd. *stieps* (pfeiler) : mnd. *stüpe* mp. *kipp* nordd. *kieper* (küfer) : mnd. *küpere*. mp. *kip* nordd. *kiepe* (tragkorb) mnd. *küpe*. mp. *knipm* nordd. *knippern* knüpfen mnd. *knuppe* mp. *knüpm* (knoten) u. s. w.

§ 24. Ersatzdehnung im mp.

1) Die ags. afr. and. ersatzdehnung infolge von ausfall eines - *n* - vor *s*, - *th* und *m* vor *f*.

Diese im and. ziemlich häufige erscheinung ist bereits im mnd. sehr selten geworden, und zwar teils darum, weil manche der betreffenden wörter im mnd. ausgestorben sind, teils weil namentlich bei den auf - *th* vor und nach dem übergang von - *th* zu *d* die anlehnung an verwandte - *nd* - formen wirkte, teils weil alte im and. zufällig nicht bezeugte dialectformen mit erhaltenem *n*, *m* den mnd. zu grunde liegen mögen. Die nnd. mundarten stehen im wesentlichen auf mnd. stufe. Fürs mp. kommen nur in betracht *fiae-* (fünf *zazt* sanft : scheinbar auch *gos* (gans und *ös* (uns).

Die lautverhältnisse der beiden ersten wörter bieten keine weitere schwierigkeiten:

mp. *fiae-* mnd. *five* and. *fibi* npl. ags. *fifi* nl. *vijf*: got. *fimf* nhd. *fünf*.

mp. *zazt* mnd. *sachte* and. *säfto* ags. *softe* nl. *zacht* : ahd. *samfto* mhd. *sanfte* (wegen der kürzung vgl. § 17.

Das *o* von mp. *gos* ist nicht leicht zu erklären. Zunächst würde dies *o* zu dem im and. in derartigen fällen überlieferten *o* (d und *o* geschrieben) vorzüglich stimmen. Nun hat aber das and. ein *o* (*a* und *o* geschrieben) auch fürs germ. *an* und dies *o* erscheint mp. wie ns. als *o*. Wenn nun andere nnd. mundarten wie das ggr. in beiden fällen im gegensatz zum ns. *ö o* haben, so könnte man annehmen, dasz das mp. als coloniale mischmundart hier teils auf ns. teils auf engrischwf. standpunct stände. Viel wahrscheinlicher ist indessen eine andere auffassung dieser form.

Der nordöstliche nachbardialect des mp., das whp. zeigt in beiden fällen genau denselben vocal wie das mp., auch hier heiszt es *jös* und ist germ. *au* = *ö*. Hier ist jedoch -*o*- aus -*an*- sicher jüngeren ursprungs, indem im whp. -*n*- inlautend, wie auslautend sehr häufig geschwunden ist. So heiszt es z. b. *ê* für *in*, *ö* für *un*- *fêstr* (fenster) für *finstr*, *hös* für ‚Hans‘ u. s. w. also auch *jos* für *jans*. Dafür aber, dasz whp. formen im mp. begegnen können, spricht zunächst die sicher whp. form *ös*, deren *ö* nur als whp. dehnung von *ü* aufgefaszt werden kann, ferner ist darauf zu achten, dasz *gos* wie *ös* gegenüber sonstigem *gans* und *üns* nur dem nordöstlichen teil des mp. gebiet angehören, also eine gegend, die auch sonst schon manche anklänge an das whp. kennt, indem z. b. in dem sonst durchaus mp. Stolzenhagen gerade wie im whp. *o* vor- -*lt* zu *ü* geworden ist, das dorf also : *stültnhogn* von den eingeborenen genannt wird.

2) Ersatzdehnung nach ausfall eines -*g*- (*j. 5*).

Phonetisch ist diese art von ersatzdehnung zu betrachten als ein herabsinken der zunge aus der engeren consonantischen in die weitere vocalische articulation.

a) Schon frühmnd. schwand in einigen wörtern ähnlich wie im ags. das *g* (*j. 5*) mit hinterlassung von ersatzdehnung. Fürs mp. kommen folgende wörter in betracht:

nhd. *igel* nl. *egel* mp. ~*swinejl* ags. *iȝl*. *il* : mnd. *ile*, mp. *il*~ (egel). mhd. *kugele* : *kiule* mnd. *kule* mp. *kûl*~ (keule).

b) Ganz jungen ursprungs und bislang erst teilweise durchgedrungen ist der übergang eines älteren -*üj* (mnd. -*ugge*) in *ö*.

Beispiele:

mnd. *brugge* mp. *brüj*, *brö* (brücke) mnd. *to rugge* mp. *törö* (zurück). mnd. *mugge* mp. *müj*, *mö* (mücke) u. s. w.

§ 25. Die mnd. vocalcontractionen nach schwund eines and. -*h*- und ihre resultate im mp.

Bereits im überlieferten and. begann intervocaliches -*h*- zu schwinden, sodasz im mnd. hier von diesem laute keine spur mehr vorhanden war. Die so entstandenen vocalverbindungen werden folgendermaszen behandelt:

1) Zwei gleichartige vocale, gleichviel welcher quantität sie waren, ergaben durch contraction einfache länge:

Beispiele:

ahd. *stahal*, and. *stahal* › *staal* mnd. *stâl* : mp. *stol*~ (stahl), ags. *cahor*, *ear*, ahd. *ahir* and *ahar* › *aar* nl. *aar* mnd. *âr* mp. *or*~ (ähre).

2) Langer vocal + kurzer (oder langer) vocal verschiedener qualität

wurden nicht contrahiert. Der zwischen ihnen bestehende hiatus wurde
vielfach durch entwickelung eines *j (ŭ, 5)* beseitigt.

Beispiele:

and. *bithihan, bithian* mnd. *gedien, gedigen* mp. *jŏdigŏ* (gedeihen).
and. *thihit, thiit* mnd. *gediet, gediget* mp. *jŏdizt* (gedeiht) u. s. w.

3) Waren endlich beide vocale kurz und verschiedener qualität, so
entstand ein diphthong. So ergaben die hier hauptsächlich in betracht
kommenden vocalverbindungen *e + a (i + a), e + u, e + i* die diphthonge *ea (ia) eu* und *ei . ea (ia)* und *eu* sind wohl bald mit *io (eo)*
zusammengefallen und wurden mnd. zu *ê (ê⁶)* wegen *ei* vgl. § 13.

Beispiele:

and. *sëhan, sëan* mnd. *sên :* ags. *sëon* mengl. *sëon :* nl. *zien :* mp.
zên~ (sehen) mhd. *geschëhen* and. *⋆giskëhan* mnd. *geschên* mnl. *geschien,*
mp. *jŏsên~* (geschehen) and. *fëhu* mnd. *vê* mp. *fê* (vieh) u. s. w.

B) Die tonlosen vocale im mp.

§ 26. Die and. mnd. tonlosen vocale im mp.

1. Verhältnis des mnd. zum and.

Wie schon in § 4 angegeben ist, unterscheidet sich das mnd. auch
in der behandlung der unbetonten vocale wesentlich vom and., indem
nämlich dieselben im mnd. teils geschwunden, teils zum gemurmelten - ̥
herabgesunken sind. (Wegen der bezeichnung des mnd. ̥ vgl. § 4.)

Ein klares bild von dem verhältnis der syncope zur erhaltung der
vocale als - ̥ im mnd. können wir uns heute noch nicht machen, da es
an gröszeren arbeiten hierüber mangelt. Nur auf einige überlieferte wie
aus mnd. verhältnissen erschlieszbare thatsachen soll im folgenden hingewiesen werden.

a) Besonders oft scheinen schon im frühmnd. and. kurze vocale in
mittelsilben geschwunden zu sein, sei es völlig, wie z. b. bei drei und
mehrsilbigen wörtern mit dem suffix - *ech - ek* (vgl. § 14 und 26, 2 b),
sei es mit übertragung ihres zeitteils und tones auf ein folgendes *l, r,
m, (n),* die somit zu - *l, - r, - m, (- n)* wurden. Die schrift giebt diese
- *l - r - m - (n)* zwar meist mit - *el - er (- re), - em (- en)* wieder, wie
es ja noch heute in ganz Norddeutschland in hd. wie nd. orthographie
geschieht, aber die nur unmittelbar vor *l, r, m, (n), d, - r, - m, /n/* stattfindenden geminationen (vgl. § 14) beweisen, dasz schon im frühen mnd.
(us.) hier kein vocal mehr gesprochen wurde.

b) Vocale in endsilben erscheinen bald syncopiert, bald als - ̥ -.
Syncopiert sind sie hier auch vielfach (wie die gemination von vorausgehendem geräuschlauten ergiebt) vor - *r, - l, - m, (- n)* mit übertragung
ihres zeitteils und tones auf das *l* u. s. w.; sie schwinden aber auch
sonst zuweilen in geschlossener endsilbe, während sie im freien auslaut

meist erhalten blieben. So schwand z. b. in den endungen der zweiten
und dritten person prs. ind. der starken verba und der schwachen auf
ian : *is, it (id, ith)* wenigstens im ns. und mp. ähnlich wie im ags.
schon früh mnd. das *i*. Das beweist uns auszer der mnd. schreibung
der kurzgebliebene oder gekürzte stammvocal dieser formen im und
(ns. mp.). (Vgl. §§ 17, 14.) Freilich sind bei den schwachen verben
auf - *ian* die lautgerechten formen mp., mnd. meist auf analogischem
wege verschwunden.

Beispiele:

and. *biudis*, mnd. *butst*, mp. *bütst* (bietest). and. *biudit*, mnd.
but(t), mp. *büt* (bietet). and. *bîtis*, mnd. *bitst*, mp. *bitst* (beiszest). and.
bîtit, mnd. *bit(t)*, mp. *bit* (beiszt) u. s. w. and. *sôkis* zu *sôkian*, mnd.
sochst, mp. *ƀ zöχst, zökst* (suchest). and. **kopis* zu **kôpian*, mnd. *kofst*,
mp. *ƀ köfst, köpst* (kaufest) u. s. w.

Dagegen blieb z. b., im gegensatz zum mhd., - *ǝ* im freien auslaut
nach - *r* -, - *l* -, - *m* -, - *n* -. Es heiszt also im mnd.: *dore, sone, tāle*,
mp. *dör~, zön~, tol~* (thür, sohn, zahl) gegenüber mhd. *tür, sun, zal*.

2) Verhältnis des mp. zum mnd.

Betrachten wir den bestand des mp. an *ǝ* - lauten, so finden wir,
dasz hier seit mnd. zeit grosze veränderungen vor sich gegangen sind.

Erhalten hat sich ein derartiger laut nur in wenigen fällen, meist
ist er geschwunden, sei es mit übertragung seiner zeitdauer und seines
tones auf die voraufgehende silbe, oder ein folgendes *l, r, m, n* (wobei
freilich unklar bleibt, wie weit dies ein nnd. oder mnd. vorgang ist), sei
es auch ganz spurlos.

a) mnd. - *ǝ* - blieb im mp. erhalten:

I. Als *ǝ (i)*.

aa) In den vorsilben *bǝ* - und *jǝ* - = mnd. *be - (bo -, bu -)* und
ge - (ghe -). mp. *bǝ* - = mnd. *be - (bo - bu -)* hat auszer vor vocalen
sein - *ǝ* stets behalten, *jǝ* - dagegen nur zum teil. Zuweilen schwand *ǝ*
(nur vor - *l, - r, - n*) und *j*- wurde zu *g*-, vielfach jedoch (namentlich
im part. prt.) ging das ganze präfix verloren, wohl nachdem es, wie es
noch heute in manchen nd. dialecten lautet, vorher zu - *ǝ* - geworden
war. Vielleicht haben wir es da, wo *jǝ* - vorkommt, weniger mit erhaltung als mit einer wiederbelebung auf hd. antrieb hin zu thun.

Beispiele:

mnd. *begāven* mp. *bǝgöbm* (bewirten) mnd. *begāden* mp. *bǝgödy*
(zurecht machen [acker]) mnd. *gelîk* mp. *ƀlik* (gleich) mnd. *gelöven* mp.
löbm, glöbm (glauben) mnd. *gesetcn* mp. *zctn* (gesessen part. prt.) mnd.
*gestān mp. *jǝstön~* (gestehen) mnd. **gehûse* mp. *jǝhūz~* (gehäuse) u. s. w.

bb. In den ableitungssilben mp. - *əχ*, - *ŋjən* - *ijŋ*, - *jm*: - *lŋ*, *ljm*, *ljŋ* = mnd. -*ech*, - *ich*, - *igen*, - *egen*, - *gen*, - *jen*; *lik* - *liken* - *likerei*. Hier ist mnd. - *ŋ* - als *ŋ* zunächt meistens in - *əχ* = mnd. -*ech* - *ich* erhalten. Geschwunden ist es hier nur bei ganz besonders geringer betonung wie z. b. in *dikbükχ* (dickbäuchig). In den flectierten formen dieses suffixes war, wie gerade das älteste mnd. zeigt (vgl. H. Tümpel Paul und Braunes beitr. VII s. 58) - *ŋ* - schon früh geschwunden als tonloser mittelvocal. Später wurde es dann auf analogischem wege vielfach wieder eingesetzt und zwar im mp. nicht als ein *ŋ* sondern als *ŋ* d. h. ein enges gemurmeltes *i*. Dies *ŋ* kann nur aus den flectierten formen des suffixes - *lχ* mnd. *lik* stammen, die - *ljən* - *ljŋ* heiszend ihr *ŋ* ganz mit recht als vertreter eines mnd. *i* zeigen. während sie freilich ihr - *j* - und - *χ* wiederum einer anlehnung an - *əχ*, - *ŋjm* verdanken. mp. - *jm* begegnet ferner in einigen fremdwörtern, aber nur solchen, wo eine zweigipflig lange stammsilbe unmittelbar voraufgeht. Die erhaltung des *ŋ* erklärt in all diesen fällen das vorhandensein eines schwachen rythmischen nebentons auf den betreffenden silben.

Beispiele:

mnd. *wénich*, *wénger*, *wéniger* : mp. *wénəχ*, ~*wénjŋ*, *wénŋjŋ* (wenig, weniger).

mnd. *kundech*, *kundegen* : mp. *nommkünəχ* (mit namen, namhaft) *künjən* (kündigen), *fŋkünjən* (verkünden).

mnd. *bekostigen*. mp. *bŋköstjən* (beköstigen), mnd. *geduldech*, *geduldegen* mp. *jŋdüləχ*, *jŋdulŋjm*, *jŋdulgŋ* (geduldig, geduldigen), mnd. *nödich*, *nödegen*, *nögen* : mp. *nödəχ*, *nödŋjm*, *nögŋ* (nötig, nötigen).

nhd. *leine* mp. *linŋ*~ pl. ~*linjən* (leine), nhd. *kastanie* mp. *kristonj*~ pl. *kristönjən* (kastanie) u. s. w.

II) Als - *ŋ* - (gemurmeltes *ä*) erhielt sich mnd. - *ŋ* - im mp. meist da, wo es vor - *r* stand, mag dasselbe nun heute vorhanden sein oder nicht. Dies - *ŋ* - ist jedoch, wie uns ältere mnd. schreibungen (*rr* = *r* *duure* mp. *düŋp* [donner]) und mnd. dialekte wie z. b. das whp., die vielfach silbisches *r* an stelle des mp. - *ŋr*, - *ŋ* haben, deutlich zeigen, keineswegs überall die directe fortsetzung eines and. vocals. Auch die gemination in wörtern wie mnd. *nedder*, *wedder* mp. *nädŋ* (nieder, *wädŋ* (wieder) ist nur erklärlich, wenn *r* unmittelbar hinter dem consonanten stand (vgl. § 14,1). So hat sich vielmehr das - *ŋ* - wie vor *r* hinter langem vocal in zweigipflig betonter silbe, so auch vor jedem *r* als svarabhaktivokal aus dem gleitelaut zwischen langem vocal u. s. w. und *r* entwickelt. Ein principieller unterschied zwischen beiden fällen besteht nicht, indem es sich hier wie dort um ein schwachtoniges - *r* hau-

delt (vgl. auch § 6, 3b). Dieser vorgang ist im nd. sehr verbreitet im
ns. wie im wf. Nicht kennt ihn z. b. das whp.
Dies - *ṷ* - begegnet im mp. zunächst in den vorsilben *ṷ* - (mnd. *er*
- *or*), *fṷ* - (mnd. *ver-, vor-, vur-,*) *tṷ*- (mnd. *te-, to-, tu-* [mp. - *ṷ* - steht
hier wohl nach analogie von *ṷ* - und *fṷ* -]), ferner in den schluszsilben
- *ṷ* (mnd. - *er*) *ṷn- ṷt- ṷst-* u. s. w. (mnd. - *ern*, - *ert*, - *erst*), endlich in
mittelsilben wie - *ṷri* (mnd. - *erie* uhd. - *erei*) -*ṷrṷ* (mnd. - *erer*), - *ṷlŗ*
(mnd. - *erlik*), - *ṷtṷ* (mnd. - *erter*) u. s. w. Nur in - *ṷrɔŗ* (mnd. - *erch*
- *erich*) findet sich neben - *ṷ* - auch häufig syncope oder ein dem *l* in
ähnlicher stellung nachgebildetes junges *r*, vermutlich weil - *ṷ* - hier am
schwächsten betont ist.

Beispiele:

mnd. *erkennen* mp. *ṷkänn* (erkennen), mnd. *vorgeten* mp. *fṷjètn*
(vergessen), mnd. *tobreken* mp. *tṷbrekṷ* (zerbrechen), mnd. *kinder(e)* mp.
kinṷ (kinder), mnd. *sniderie* mp. *snidṷ* (schneider), mnd. *brūwerie* mp.
brū̃ŗṷri (brauerei), mnd. **sweinerie* mp. *sweinṷri* (schweinerei), mnd.
wunderlick mp. *wunṷlŗ* (wunderlich), mnd. *de anderde* mp. *dē anṷtṷ*
(der andere), mnd. *wōkerer* mp. *wōkṷrṷ* (wucherer), mnd. **rökerich* mp.
rökṷrɔŗ, rökrɔŗ (räucherich), mnd. *bisterich* mp. *bistrɔŗ, bistṷrɔŗ* (leicht
zu verfehlen), mnd. **grüserich* mp. *grü̃rrɔŗ, grüzṷrɔŗ* (grausig) u. s. w.

b) Schwund des mnd. - *ɔ* - unter hinterlassung von spuren.

1) Zeitdauer und accent des - *ɔ* - überträgt sich auf die vorher-
gehende betonte silbe.

Ein derartiger vorgang hat sich überall da vollzogen, wo - *ɔ* - unmittelbar auf eine betonte länge mit stimmhaftem consonanten (auch - *l*,
- *r*, - *m*, - *n*) schlieszende silbe folgte. Bei den silbenauslautenden con-
sonantengruppen mnd. - *nd*, - *nn* mp. - *n; -mm* mp. - *m; -ng* — mp.
- *ṷ* findet diese übertragung nur statt (besser vielleicht, sie fand stets
statt, erhielt sich aber nur), wenn im mnd. auf das - *ɔ* - noch ein tau-
tosyllabischer consonant folgte, also z. b. bei mnd. - *ndet* - *nnet* › *nɔt*
› ~*nt*. Letztere eigentümlichkeit hat ihren grund darin, dasz im mp.
die zweigipflige betonung, die stets das resultat dieser übertragung ist,
in langvocalischer oder kurzdiphthongischer silbe nur vorkommen kann,
wenn diese geschlossen ist, kurzer vocal + - *l*, - *r*, *m*, - *n* aber als kurzdiphthonge gelten. (vgl. § 5, 6.)

Diese erscheinung hat das mp. mit den ostns. und den hp. mundarten gemein. Nur hat das ostns. z. b. das mkl. bei - *nd* - *nn* - mp.
n u. s. im gegensatz zum mp. auch ohne tautosyllabischen folgenden
geräuschlaut zweigipflige betonung.

Beispiele:

mnd. *rōve* mp. *rōv~* (rübe), mnd. *hase* mp. *hoz~* (hase), mnd.

wîde mp. *wîd~* (weide), mnd. *sturve* m. *stürve~* (stürbe), mnd. *bône* mp. *bôn~* (bohne), mnd. *schôle* mp. *sôl~* (schule), mnd. *bindet* mp. *bint~* (bindet) mnd. *lengest* mp. *länst~* (längst), mnd. *swemmet* mp. *swämt~* (schwimmt), mnd. *houwet* mp. *hout~* (er haut) : mnd. *binde* mp. *bin* (binde) mkl. *binn'* : mnd. *lange* mp. *lav* (lange) mkl. *lang'* : mnd. *houwe* mp. *hou* (haue) mkl. *hou'* u. s. w.

II) Zeitdauer und accent des -ɔ- wird auf ein folgendes -*l* (-*r*), -*m*, -*n*, -*v* übertragen, die somit silbisch werden.

Dies trat zunächst überall da ein, wo nasal oder liquida in der schluszsilbe standen. Dieselbe übertragung fand jedoch auch in mittelsilben statt z. b. in -*lli* (mnd. -*clic*, nhd. -*clei*) in -*nnɔɣ* (mnd. -*endig*) u. s. w.: bei mnd. -*clich* (*llich*), (*rrich*) indessen nur dann, wenn der auslaut der voraufgehenden stammsilbe ein stimmhafter geräuschlaut ist. In diesen fällen ist stets der erste teil der liquida oder des nasals silbisch, der zweite unsilbisch. Bei den nasalen (nur *n* kommt in betracht) assimiliert sich nur der erste silbische teil an den voraufgehenden stammauslaut, der zweise bleibt -*n*-. In der composition kommt diese art von übertragung selten vor.

Beispiele:

mnd. *tôgel* mp. *töjl* (zügel), mnd. *bôgel* mp. *böjl* (bügel), mnd. *strîden* mp. *strîdn* (streiten), mnd. *lèven* mp. *lèbm* (leben), mnd. *seggen* mp. *zägv* (sagen), mnd. *tègelie* mp. *tèjlli* (ziegelei), mnd. *tègeler* mp. *tèjllv* (ziegler), mnd. *lôgenère* mp. *lôgvnv* (lügner), mnd. *glôgendich* mp. *glôgvnɔɣ* (glühend), mnd. *gevangener* mp. *jɔfavvnv* (gefangener), mnd. *vadenich* mp. *födnnɔɣ* (faserig), mnd. *mogelick* mp. *möjllɣ* (möglich), mnd. *wêgelick* mp. *wôɡʒllɣ* (tollkühn), mp. *wâbllɣ* (weichlich) : mnd. *gôtlick* mp. *jôtlɣ* (gütlich), mp. *nöklɣ* (nackt), mnd. *tobrecklick* mp. *tvbräkllɣ* (zerbrechlich), mnd. *wagerecht* mp. *wôɡʒrräɣt* (wagerecht) : mnd. *negenâtel* mp. *~nèj* : *nôtl* (nähnadel) u. s. w.

Anm.: Einige wörter auf -*lɣ* mit vorhergehendem stimmlosen stammauslaut gegenüber mnd. stimmhaften geräuschlaut + -*click* dürften hd. ursprungs sein.

Beispiele:

mnd. *schèdelick* : nhd. *schädlich* nordd. *sêtlɣ* : mp. *sêtlɣ* u. s. w.

c) Das mnd. -ɔ- ist spurlos geschwunden.

In allen übrigen fällen ist mnd. -ɔ- spurlos geschwunden, also hinter stimmlosem geräuschlaut, wenn weder nasal noch liquida darauf folgt, ferner hinter vocalisch auslautender silbe u. s. w.

Beispiele:

mnd. *strâte* mp. *strôt* (strasze), mnd. *make* mp. *mok* (mache), mnd. *hèket* mp. *hèkt* (hecht), mnd. *tiffe* mp. *tîf* (hündin), mnd. *pipe* mp. *pîp* (pfeife). mnd. *klie* mp. *kli* (kleie), mnd. *brügge* mp. *brüj, brô* (brücke), mnd. *segge* mp. *zäj, zäi* (sage) u. s. w.

Anm. Eine anzahl enclitischer, seltner proclitischer pronominal-formen u. s. w. werden ähnlich wie tonlose flexionsendungen behandelt; d. h. es wechselt bei ihnen nach rhythmischen und euphonischen gesetzen erhaltung des vocals als - *ə* - *(ə)* mit schwund desselben. sei er nun spur-los oder nicht. Auch hier findet häufig übertragung von zeitdauer und accent auf voraufgehende tonsilben oder ein folgendes *-l, -m, -n, -v* statt.

Beispiele:

də sün~ bränt~ (die scheune brennt), *hé jäit int~ kök* (er geht in die küche), mnd. *de schüne brennet : hé geit in de koke, 't drüpplt a* (es tröpfelt schon), *int hus* (ins haus) : mnd. *int hüs . int~ husdör~ as. : in de hüs dore, nü ~bodkv ük a* (nun bade ich ihn auch schon) : mnd. *nü bade ik en ök al, lôwok wo :* mnd. *gelöv' ik wol* (glaube ich wohl), *dat lôwk~ ni :* mnd. *dat gelöv' ik nicht* (das glaub' ich nicht), *wänzot ma wät* (wenn sie 's nur weisz), *wat zas ?* (was soll sie) mnd. *wenn se it man wët : wat sall se ? u frü* mnd. *en frü* (eine Frau) u. s. w.

IV. Anhang: Lehnwörter.

§ 27. Die mnd. lehnwörter im mp.

Eine genaue untersuchung des mp. vocalismus der in and. und mnd. zeit ins nd. gedrungenen lehnwörter gehört nicht in den bereich unserer darstellung. Dagegen ist es unsere aufgabe, der älteren wie jüngeren mnd. lehnwörter im mp. mit einigen worten zu gedenken.

1) nnd. lehnwörter älteren datums im mp.

a) Lehnwörter aus dem nhd.

Diesen lehnwörtern scheint im gegensatz zu den jetzt massenhaft durch nordd. vermittelung in das mp. eindringenden hd. wörtern eine mehr nd. aussprache des nhd. zu grunde zu liegen. Das erscheint durch-aus begreiflich, wenn man bedenkt, dasz bis ans ende des 18. Jahr-hunderts im nhd. das nd. element vorherrschte.

Sieben wörter können mit einiger sicherheit als hierher gehörig be-zeichnet werden.

Die drei ersten davon geben das mnd. dunkle *a* mit dem ihm damals wohl im mp. am nächsten stehenden *o* wieder:

mp. *foty* (vater eigl. nur in der anrede) westmnd. *fatter* : mnd. *vader*, mp. *†födy* nordd. *faty*.

mp. *wolay* nnd. *wallak* (wallach), mp. *olvrroy* nhd. *alwacre* nhd. *albern*.

Ein mnd. *o* wird mit *ü* wiedergegeben in mp. *fürtl* (vorteil), falls *ü* hier nicht junge kürzung eines *ö* ist. Auch mp. *stüf* mnd. *stöpe* nhd.

stufe nordd. *stüf*ᵊ ostmd. *stüf*ᵊ ist md. ursprungs, ebenso wohl mp. *flô* :
nnd. *flou* nhd. *flau*. In *gedirm~n* mnd. *gedermte* nhd. *gedärme n.* vertritt *i* vielleicht ein *e*?

b) Lehnwörter aus anderen sprachen.

Bei einer anzahl von nicht germ. wörtern im mp. zeigt die vergleichung mit der heutigen nordd. form, dasz sie nicht direct dieser entstammen können. Wieweit sie indessen durch ältere hd. vermittelung aus jener fremden sprache entlehnt sind, wie weit ohne diese, ist kaum zu entscheiden.

Beispiele:

mp. *lilj~* nhd. *lilie* : nordd.*) *lilj*ᵊ mp. *pétptsilj* nhd. *petersilie* nordd. *pétpzilj*ᵊ mp. *sipol* ital. *cipolla* (zwiebel). mp. *parmud* nhd. *pergamotte* nordd. *pérjamöt*ᵊ mp. *jouny* nhd. *gauner, jauner* nordd. *gaony* mp. *jürk* nhd. *gurke* nordd. *gürk*ᵊ poln. *ogurek* u. s. w.

2) Die modernen „fremdwörter" im mp.

a) Die hd. wörter im mp.

„Messingsch."

Wie in jedem mnd. dialect giebt es auch im mp. eine grosze anzahl wörter. die der hd. städtischen umgangssprache, weit weniger der schulkanzel- und gerichtssprache entlehnt sind. Diese „messingschen" wörter sind teils ganz hd., allerdings mit mp. lauten gesprochen, teils halb hd. und halb nd. compromissformen, teils endlich halb nd. nachbildungen hd. wörter. Überall liegt ihnen zunächst die Stettiner nordd. aussprache zu grunde:

Beispiele: I. Rein hd. wörter:

mp. *säidn* hd. *scheiden* nordd. *saedn*, mp. *list* hd. *liste* nordd. *list*ᵊ, mp. *löæ~* hd. *löæe* nordd. *löæ*ᵊ, mp. *riː~* hd. *riese* nordd. *riː*ᵊ, mp. *träfn* hd. *treffen* nord. *tréfn***, mp. *æoχ* hd. *æoche* nordd. *æöχ*ᵊ**, mp. *fouhön~* hd. *pfauhahn* nordd. *faohän*, mp. *barbörs~* hd. *barbarisch* nordd. *barbar*ᵊ*ʂ* u. s. w.

II. Halb hd. und halb nd. compromissformen:

mp. *grösn* hd : *gräszen* nordd. *grüsn*, mnd. *groten* nnd. *gröt*ᵊn.

mp. *filts* : hd. *filz* nordd. *filts* nnd. *vilt*.

mp. *tsop* hd. *zopf* nordd. *tsöpf* : nnd. *top*.

mp. *züftsn* hd. *seufzen* nordd. *zööftsn*** nnd. *suftn*.

mp. *prim~* hd. *pfriem* nordd. *prim* nnd. *prém*ᵊ

mp. *tæärz* hd. *zwerg* nordd. *tsæérχ* nnd. *dæerg* nnd. *tæarχ*

mp. *jæölæ~* hd. *gewölbe* nordd. *jæölb*ᵊ nnd. *gæælft*ᵊ.

mp. *hesᵊχ* hd. *gehässig* nordd. *johésᵊχ* nnd. *hᵊtesch* u. s. w.

III. Halb nd. nachbildungen hd. wörter.

mp. *p : égv* hd. *ereignen* nordd. *p : aegnɔn*, mp. *unpślif* hd. *unter-schleif* nordd. *iutpślaef,* mp. *rits* hd. *reitz* nordd. *raets* u. s. w.

b) Die modernen „fremdwörter" im mp.

Jede nur gesprochene volkssprache sucht ein wort, das sie einer anderen sprache entlehnt, soweit als möglich in laut wie in flexion in ein heimisches zu verwandeln. Erst eine hoch entwickelte, durch die schrift gestützte kultursprache bemüht sich, die ihr fremden laute eines fremden wortes nach kräften sich anzueignen und behandelt so ein lehnwort als eigentlich nicht zur sprache gehöriges „fremdwort."

Ein moderner dialect wie das mp. nimmt ein „fremdwort" zunächst meist auch nur durchs ohr auf, aber er empfängt es von kreisen, die es nicht allein durchs gehör, sondern auch durchs auge vermöge der schrift erhielten und nach diesen beiden factoren sich zurecht machten. Es sind dies auszer den dorfschullehrern namentlich die hd. sprechenden städter, fürs mp. hauptsächlich die Stettiner. Da ferner diese fremdwörter wegen ihrer für das sprachbewusztsein so auffälligen gestalt, wegen ihrer vielen vollstimmigen vocale u. s. w. vom hörenden sehr leicht miszverstanden werden, zudem das registrierende sprachbewusztsein, sie bald an dieses bald an jenes heimische wort anlehnt, so ist bei vielen von ihnen eine bestimmte normalform kaum anzugeben. Trotzdem so die „fremdwörter" im mp. infolge einer fülle von irrtümern des ohres, auges und sprach-sinnes ein sehr veränderliches bild uns darbieten, wollen wir im folgenden einige besonders hervorstechende züge zur darstellung bringen.

I. Accentuation.

Die meist aus dem französischen stammenden endbetonten „fremd-wörter" behalten im mp. meist ihre ursprüngliche betonung. Nur zuweilen rückt der accent nach vorne und zwar wohl nur bei schon etwas älteren fremdwörtern, die auch wohl im nordd. früher diese betonung hatten.

Beispiele:

mp. ~*linjol*~ hd. *lineal* nordd. *linjal,* mp. *tsijor*~ hd. *zigarre* nordd. *tsijärɔ,* mp. *kamrrot* hd. *kamerad* nordd. *kamrát* u. s. w.

II Die vocale der tonsilben.

Die vocale der tonsilben sind im allgemeinen die genaue mp. ent-sprechung der nordd. vocale. Nur bei einigen wörtern, die wohl in der „Franzosenzeit" direct d. h. ohne vermittelung des städtischen nordd. aus dem frz. entlehnt sind, ist das mp. in der wiedergabe der ursprüng-lichen laute anders vorgegangen als das nordd., so z. b. in:

mp. *müs* frz. *monsieur* nordd. *mòsjö (ö),* mp. *kül̥rot* frz. *collerette* (vorhemd), mp. *plèzér*~ frz. *plaisir* nordd. *plèzir* u. s. w.

Im übrigen vgl. die beispiele unter III.

III. Die vocale der unbetonten silben.

Die vocale der unbetonten silben in „fremdwörtern" sind im mp. teils völlig geschwunden, teils zu murmellauten reduciert worden.

aa) Geschwunden sind unbetonte vocale namentlich in mittelsilben, weit seltener in vortonigen oder nachtonigen silben.

Beispiele:

mp. *smizet* nordd. *semizet* frz. *chemisette*, mp. *tästmänt* nordd. *testmcnt* nhd. *testament*, mp. *rilljön~* nordd. *rēlijön* nhd. *religion*, mp. *milltsin~* nordd. *méditsin* nhd. *medicin*, mp. *rejmmänt* nord. *rejimänt* nhd. *regiment*, mp. *~pöltik* nordd. *pólitik* nhd. *politik*, mp. *mägrän* nordd. *mäjören* nhd. *majorenn*, mp. *lotsrät* nordd. *lätsäret* nhd *lazareth*, mp. *kaptöl~* nordd. *kapital* nhd. *kapital*, mp. *futröl~* nordd. *futtoral* nhd. *futteral*, mp. *aptit* nordd. *apjtit* nhd. *appetit*, mp. *saköllor~* nordd. *sököladj* nhd. *chokolade*, mp. *riznérn~* nord. *résonirn* nhd. *raisonieren*, mp. *krintn* nordd. *körjntn* nhd. *korinthen*, mp. *pästjir~* nordd. *positir* nhd. *positur* u. s. w.

bb) Erhalten blieben dagegen unbetonte vocale in mp. „fremdwörtern" meist in vortonigen silben wie in schluszsilben. Freilich sind sie hier vielfach stark reduciert, indem sie gewöhnlich nur murmellante, zuweilen jedoch auch rhythmische und ethymologische kürzen sind. Bestimmte regeln lassen sich hierüber nicht aufstellen, da der gebrauch sehr schwankt. Beachtenswert ist auch der wechsel verschiedener vocalqualitäten in gemurmelten vortonigen silben.

Beispiele:

mp. *kolänp*, *kolänp* nordd. *kälendp* nhd. *kalender*, mp. *komäll*, *komäll* nordd. *kämiln* nhd. *kamillen*, mp. *tölät* frz. *toilette* nordd. *toaletp*, mp. *zokpn* nhd. *secunde* nordd. *zekundp*, mp. *spotokl* nordd. *spektakl* nhd. *spectakel*, mp. *poräk* nordd. *perükp* nhd. *perrücke*, mp. *oblot* nordd. *öblätp* nhd. *oblate*, mp. *motras* nordd. *metresp* frz. *maitresse*, mp. *ovol~* nordd. *ovol* nhd. *oval*, mp. *sanérn~* nordd. *zenjrn(s)* nhd. *genüren*, mp. *milltsin~* nordd. *méditsin* nhd. *medicin*, mp. *zalwiät* nordd. *zerwiétp* frz. *serviette*, mp. *pustétn* nordd. *pastétn* nhd. *pasteten*, mp. *komot*, aj. frz. *comode* nhd. *komode* f., mp. *komot* nordd. *kömod* f., mp. *durobl* frz. *durable* (dauerhaft), mp. *pustär~* nordd. *positir* nhd *positur* mp. *pastp* nord l. *pastör* (ör) nhd. *pastor*, mp. *diräktp* nordd. *diräktor(or)* nhd. *director* u. s. w.

Lebenslauf.

Ich. Hermann Pfaff, evangelischer Confession, wurde am 25. Dezember 1873 zu Hermannstadt (Siebenbürgen) geboren als Sohn des dortigen Fabrikdirectors Joseph Pfaff. Da mein Vater zu Beginn des Jahres 1875 nach Stettin (Pr. Prov. Pommern übersiedelte, genoss ich dort meine Erziehung und besuchte das Stettiner Stadtgymnasium, das ich Ostern 1893 mit dem Reifezeugnis verliesz. Darauf widmete ich mich bis Michaelis 1894 an der Universität Straszburg und von da ab in Leipzig germanistischen und sprachwissenschaftlichen Studien. An Vorlesungen und Übungen nahm ich bei folgenden Herren Professoren und Doctoren teil:

V. Balder. Biedermann. Brandl. Brugmann. Elster. Henning. Hensel Hirt. Hübschmann. Joseph. Leskien. Marcks. Martin. Mogk. Sievers. Wetz. Windelband. Windisch. Witkowski. Wülker. Wundt. Ziegler.

Insbesondere möchte ich auch an dieser Stelle Herrn Professor Dr. Sievers für die mannigfache Förderung. die er meinen Studien angedeihen liesz. meinen herzlichsten Dank aussprechen.

Druckfehler:

S. 24: *plöü:~* statt *plöü:χ~*